《民法の理論的諸問題》の部

法律行為論の課題（上）

——当事者意思の観点から——

磯村　保

目次

一　はじめに

1　本稿は、わが国における今日の法律行為論が置かれている状況を、とりわけ法律行為当事者の意思という観点を中心に、いくつかの具体的問題を手がかりとして検討し、法律行為論がどのような問題を抱えて

［民法研究第2号／2000年10月］

おり、そのような問題は法律行為論にどのような課題をつきつけているか、当事者意思をその不可欠の構成部分とする法律行為概念が現代における民法ないし私法体系の基本概念として、はたして、そしていかなる意味と機能を有しうるかにつき、若干の考察を行おうとするものである。

法律行為という概念が、もともと旧民法には存在せず、現行民法の成立過程においてドイツ民法の概念を導入したものであり、この意味においてはとりわけドイツ法の伝統につながるものであること、日本法の下で法律行為概念を考えるにあたっても、法律行為概念がいかに生成・発展してきたか[1]、それがどのような思想的・社会的な背景を有しているか等を検討することの必要性がつとに指摘されていた[2]。

しかし、本稿は、そのような法律行為概念自体の基礎的研究を目指すものではない。ここでは、民法典において採用され、今日の民法学においても定着したと考えられる法律行為概念に関する共通の理解を前提としたうえで、その抽象度の高い理念型としての法律行為と[3]、種々の局面において現れる現実としての法律行為との「乖離」がどのような現象であるか、また、それが生じているとすればその原因は何か、その乖離はどのように埋められるべきかを検討しようとするささやかな試みをなすにとどまる。また、そこで扱われる具体的問題は、それぞれ詳細な検討を必要とするものであり、そのためには本来それら一つ一つについて本格的な研究が不可欠である。本稿は、しかし、それらの具体的解決よりは、それらが法律行為や当事者意思の理解についてどのような問題を提起しているかを問い、今後の検討のために筆者なりの視角を得ようとするものである。したがってまた、とりわけ一九八〇年代以降において提示されるに至った、諸外国の法理論に触発された契約法学の種々の基礎理論[4]と並ぶような新たな契約法理論の提唱を企図するものでもない。この意味で、本稿のタイトルがいささか羊頭狗肉の感を免れないことは、筆者がもっともよく自認しているところであるが、パラダイム転換を論じる前に、何をどのように転換する必要があるかをもう一度問い直すことにもなにがしかの意味があるのではないかと考えている。

2　わが国の民法典において「法律行為」およびその構成要素としての「意思表示」がその体系を形成する最も基本的な法制度の一つとして位置づけられていることは明らかであろう。

今日の一般的な説明によれば、「法律行為(Rechtsgeschäft)とは、意思表示を要素とする私法上の法律要件であり、「法律行為が現代の私法における法律要件として最も主要な地位を占めるのは、その法律効果が、その要素たる意思表示によって、当事者の意欲したところに従って発生するものだからである」とされる。(5)

この定義は、いくつかのサブ命題を含むと考えられる。すなわち、①当事者は自己の意思にしたがって自己の法律関係を形成することができるという積極的側面と、その裏返しとして、②自己の意思なくして法律関係を押しつけられることがないという消極的側面を含み、後者はさらに、国家と法律行為当事者との関係及び法律行為当事者相互の関係において問題となる。また、①・②命題のコロラリーとして、③自己の意思に基づいて形成された法律関係には自らも拘束され、一方的な意思によってこれを変更することができないという原則をあげることができよう。これらにおいて、意思の担い手とされる当事者とは、抽象的・一般的な法的人格であり、完全な行為能力を備えているかぎり、この者がその自由な意思にしたがって一定の法律行為上の決定を行った場合には、その意思が最大限尊重される。民法は、もちろん、一定の瑕疵を帯びた意思表示の効力を制限し、あるいは自由な合意の許される範囲に一定の限界を設けてはいるが、それらはごく例外的なものであって、法的主体の自由な意思が存在するかぎり、その意思を尊重することが大前提となる。

3　このように、当事者意思による主体的決定が法律行為制度の核心をなすものとすれば、当事者による法律関係形成に際して法が果たすべき役割は、そのような主体的決定が可能な環境を提供することにあり、当事者の意思内容それ自体にはかかわりを持つ必要がないということにもなろう。

しかし、繰り返し指摘されているように[6]、現実の取引世界に登場する法的主体は、法が暗黙裡に前提とするような自律的個人ではなく、ごく限られた情報に基づき、また限られた判断能力に基づいて意思決定を行うのみならず、そうした制約の中で形成された自己の意思をも、相手方との関係において貫徹することができない状況に置かれていることがしばしばである。

このような当事者意思の稀薄性がユニゾン的に語られる現状において、当事者の意思による法律関係の自律的形成、その手段としての法律行為は、もはやその重要性を失い、新たな法原理によって取って代わられるべきものなのだろうか。あるいは、新しい時代・世紀においてもなお、当事者意思は、法律関係創設・変更の主役を演じることができるのだろうか。

こうした疑問に少しでも答えるべく、以下においては、①～③のサブ命題に即して、それぞれ当事者意思の稀薄性が問題となる場合のいくつかをやや具体的に検討することとしたい。

(1) 川島武宜編『注民(3)』一二頁以下〔平井宜雄執筆〕参照。また、新井誠「ヴィアッカーにおけるグロチウスのpromissio概念―promissio概念とGeltungstherieとの内在的関連性に関する序章的考察(一)(二・完)」民商八一巻二号二〇八頁、三号三三六頁および同「法律行為概念生成過程におけるプーフェンドルフのpromissio 概念(一)(二・完)」民商八四巻四号四八六頁、六号八三二頁も参照。

(2) ドイツにおける思想的・社会的背景については、とくに上山安敏『法社会史』所収の第二部「権力と法」一一七頁以下、第三部「学問と法」二〇三頁以下を参照。

(3) 法律行為という概念自体を法典中に含むかどうかを措き、法律行為を当事者意思に基づく法律関係創設の手段とみるかぎり、そうした手段が私法の最も基本的な制度であること、当事者意思に基づかない法律関係の変動とは区別されうることは、少なくとも大陸法系の法秩序においては、ドイツ法にかぎるものではない（ドイツ法とフランス法の対比につき、拙稿「ドイツとフランスの民法典・民法学」法律時報七一巻四号五〇頁）。

（4）これらを概観するものとして、吉田克己『現代市民社会と民法学』（一九九九年、日本評論社）八頁以下参照。

（5）我妻栄・新訂民法総則二三八頁、異なる定義として川島武宜・民法総則一五三頁。

（6）たとえば、「等身大」の人間（河上正二「契約の成立段階——『意思』の取り扱いを中心に」私法五四号三一頁、「『当事者の意思の研究』ということばが、ひどく空虚に響く」（内田貴『契約の再生』六六頁）等の表現参照。

二　当事者意思にしたがった法律効果の発生

最初に、当事者の意思にしたがった法律関係の形成という命題との関係を取り上げよう。

1　当事者意思の射程

まず、ごく当然ともいえる事実認識から出発しよう。すなわち、当事者の意思にしたがった法律効果を発生させる法律要件という法律行為の定義は、それ自体として必ずしも正確ではない。というのも、たとえば当事者の合意によって成立する契約から導かれる法律効果のすべてが、当事者の意思にしたがったものとはいえないからである。もちろん、取引の態様や当事者の属性等によって、当事者意思が現実に機能する範囲には広狭がありうる。とりわけ企業間における重要な取引におけるように、周到な交渉を経て契約条件が定められるという場合には、契約から生ずべき効果が慎重に検討され、それらがまさに当事者の意思によって決定されるということも考えられる。しかし、非商人である一般私人が取引を行うという局面において、たとえばごく日常的なレベルでの売買契約を考えると、問題となりうるような法律効果のすべてについて当事者が合意していると考えるのは非現実的である。契約当事者は、給付されるべき目的物や数量を定め、その対価について合意するというように、ごく基本的な事項について自らの意思決定を行うにとどまる。対価については、買主が契約締結を欲する場合には、売主が設定した価格をそのまま受け入れることも少なくない。

このように、契約の最も主要な部分以外の効果については、当事者の現実的意思が及んでいないというケースは頻繁にみられるが、このこと自体は、民法自身においても当然の前提となっている。当事者意思と法律の規定や慣習との優先関係を定める民法九一条・九二条がそのような前提に立つことは自明であり、また、民法中に含まれる多数の任意規定は、とりわけ当事者が具体的に規律しなかった法律効果の部分を補充するという役割を果たすものであることもあらためて述べるまでもないであろう。(7) 典型契約における任意規定の果たすべき機能については、当事者意思の補充の部分で取り上げるが、このようなケースにおいては、売買契約(とくに買主)の当事者意思とは、比喩的に言えば、売買契約という法的装置を作動させるために必要なボタンを押すという程度の内容を含むにすぎないものであり、この結果生ずる効果の内容は直接当事者意思によって担われているものとはいえない。換言すれば、当事者意思にしたがった法律関係の形成とは、この場合、結局のところ、自己の意思なしに法律関係を押しつけられることがないという命題の裏返しとほとんど異なるところがないともいえよう。

このような、射程のごく限られた意思であっても、法律行為をなす意思といいうるとすれば、いわゆる事実的契約関係理論が提起しようとした問題も、法律行為論の中で位置づけることに大きな困難は生じないと考えられる。以下、この点をみよう。

2　事実的契約関係理論と当事者意思

(1)　周知のように、ドイツにおいて事実的契約関係理論[8]を提唱したハウプト[9]は、申込と承諾の合致という合意にはよらずに契約関係が成立する場合のあることを指摘し、具体的には三つの問題群を取り上げた。その第一群は「社会的接触による事実的契約関係」（例として、合意形成過程の法律関係や好意同乗関係等）、第二群は「共同関係への組み入れによる事実的契約関係」（事実上の会社、事実上の労働関係等）、第三群は「社会的給付義務による事実的契約関係」（生存に不可欠な基本的生活資材に関わる法律関係、たとえば電気供給関係や運送関係）であった。これらの問題群は必ずしも同質的ではないが、注目を要する点は、彼の立論の基礎に存した法律行為の理解である。すなわち、ハウプトにとって、法律行為に基づく契約の締結とは、契約の交渉を経て契約内容が決定される場合を意味し、したがって、第三群の場合において、たとえば画一的な供給条件とは異なった特別の条件が個別に合意されるような場合には、本来の意味での契約締結を語りうるが、そのような交渉を経ていない場合において契約の成立をもたらす合意を認めるのは、擬制にすぎないとされる[10]。

戦後、ラーレンツは、ハウプトの第三群に着目し、これを「社会類型的行為」という観点から説明しようとする。すなわち、法律行為が、意思実現による契約成立の場合を含めて、現実の意思表示の存在を前提とするのに対して、社会類型的行為においては、公に提供された給付を認識・意欲して利用する（社会類型的に行為する）という容態が、義務の発生を生ずる行為として社会的に評価されることになる。しかし、同時に留意を要するのは、ラーレンツにおいては、同じく電車を利用する関係について、利用者が乗車前に乗車券を購入していた場合については、本来の意味での契約成立を肯定する点である。そうだとすれば、ハウプトとは対照的に、当事者の現実的意思というレベルにおいて、本来の契約成立と社会類型的行為による契約成立との間に決定的な質的相違を見いだすことができるかどうかが、直ちに疑問となろう。

(2)　ＢＧＨの著名な駐車場事件判決[11]は、原告Ｘが、ハンブルク市の委託に基づき同市役所前広場の駐車場を管理していたところ、Ｙが駐車に際して車の監視と駐車料の支払いを拒絶する意思を表示していたという事案につき、ハウプトやラーレンツの理論に依拠しつつ、有料駐車場を利用する者は、すでに当該行為によって契約上の法律関係を生じさせるものであって、これに反する内心的態度は顧慮されないと述べた。当事者の合意によらない契約関係の成立を認めたこの判決は、先例として、その後一連の判決によって踏襲されることになるが、やがて一九七〇年代初めの旅客機無賃搭乗事件[12]における消極的な態度を経て、一九八五年九月二五日のＢＧＨ判決[13]は、自己の行為の客観的意義と矛盾する異議は考慮されないという理論を採用することにより、事実上の契約関係理論に終止符を打つこととなる。

この間、学説においても、種々の議論が展開されたが、つまるところ、最も根本的な争点は、法律行為上の意思としてどのようなものがあれば足りるか、行為から一般的に推断される意思と矛盾する異議をいかに評価するかにあったといいうる。前者の点に関しては、すでにラーレンツ自身の理論の中に、社会類型的行為と真の契約成立との間に質的な相違を認めることの困難性が含まれていたのであるが、その後の学説は、ハウプトとは異なって、法律行為意思と認められるためにはその意思が交渉を経て成立したのでなければならないとはもはや考えていない。フルーメは、市街電車に乗車する者は、タクシーに乗車する者とまったく同様に、そのような給付が有償でのみ提供されていることを認識しているのであって、契約締結のためにはそのような認識で十分であると述べ、このような意味で「すべての法律行為は社会類型的行為である」と端的に指摘しているが[14]、これは法律行為意思として何が必要であるかを象徴的に表現するものといえる。

かくして議論の焦点は後者に移り[15]、「類型的行為」と矛盾する意思の表明（例、駐車料金支払いの明示的拒絶）をいかなる形で考慮するかが問題となる。一方において、事実的契約関係理論を斥けつつ、こうした矛盾的な異議は「自己の行為に矛盾する異議は考慮されない」（protestatio facto contraria non valet）との原則を援用することによって、これを無視し、行為の類型的意味のみが表示の解釈として基準となるとする考え方が主張された[16]。しかしすでにラーレンツは、このような解釈が行為者の行為全体の意味を無視するものであり、このような場合に契約締結意思ありとするのは解釈ではなくフィクションであるとして、これを強く批判し[17]、それにもかかわらず契約的法律関係を導くために社会類型的行為論を主張したのであるが、より最近の見解は、行為の後にその意味を争う場合とは異なって、駐車場事件におけるように行為と同時に行われた異議については、ラーレンツと同様に、契約の成立を認めることができないとし、この場合に行為者が取得した事実上の利益については、不当利得法を通じてその調整を図ろうとしている[18]。

(3)　このような理論状況の下で、事実的契約関係理論は、少なくとも現在のドイツ法において、もはや克服されたものと評価することができる[19]。この理論は、法律行為をなすために行為者はどのような意思を有していなければならないかを問い、「意思」と評価されるための要件を厳格に解し、この意味で意思とはいえない行為からも契約と同様の法律関係が発生しうると考えたが、その理論的当否をめぐる議論の過程で、法律行為の成立のために必要な意思とは何かがあらためて問題とされ、事実的契約関係理論の主張する「行為」は、本来の意味で法律行為をなす意思にほかならないとの認識が一般化するとともに、そのような理論の必要性も否定されるにいたったといえる。もっとも、事実的契約関係理論は、法律行為意思とは何かという理論的対立にとどまらず、行為能力や錯誤取消の適用があるかどうかという実践的問題にもかかわるものではあるが、これらが実際の場面で重要な相違を生じていたわけではない[20]。

(4)　わが国においては、ドイツにおけるとは異なって、具体的に争われた事件を契機として議論が展開されているわけではないが、この理論に対する学説の評価はなお分かれており、否定説も少なくないものの、これを肯定的に捉える立場も有力に主張されている。[21] とりわけ比較的新しい体系書レベルでは、これに好意的な立場をとるものが多い。[22]

肯定的立場から主張される根拠は論者によって必ずしも同一ではないが、要するところ、当事者の契約意思が存在しないにもかかわらず法的拘束力が認められる必要があること、一定の取引類型（社会類型的行為）[23]については行為能力や意思表示の瑕疵を個々に問題とすることが取引の安全性を害すること、法的拘束力を認めても比較的少額取引であることから拘束される当事者に格別の不利益が生ずるとは考えられないことにある。このうち、第二・第三の理由が法的拘束力を肯定することの実質的当否にかかわるのに対し、第一の理由は、まさに当事者意思とは何かに関わる。まず、後者をみよう。

これは、契約締結に必要な意思とは何かを問題とする点で、先述のドイツ法の議論と共通する。すなわち、一般成年者が取引をなす場合において、こうした社会類型的行為を行う場合の意思と、法律行為をなす意思があると認められる事例における意思との間に有意的な相違が存するかどうかという問題である。かりに、自動販売機を利用して商品を購入し、あるいはワンマンバスに乗り込むことによって運送サービスを受けようとする者に契約締結意思がないとすれば、自動販売機を利用しない日常的な商品の購入や、代金先払いのバスの利用についても、契約締結意思はないことになってしまうのではなかろうか。[24] これらの場合にもやはり本来の意味での契約締結意思がないというのであれば、それは一つの一貫した態度かもしれない。しかし、そうすると一般私人がごく日常的な生活の中で行う取引の相当部分が、法律行為ではないという結果になってしまうであろう。右の諸事例においては、いずれも、当該給付を受けようとする当事者は、自己の給付要求が他方において自己の債務の負担ないしその履行と不可分に結びついていることを認識しており、とくに自動販売機の利用では、コインや紙幣の投入によってこのような認識が給付の受領に先だって客観的に表現されているといえる。このような認識に基づく行為が、法的に、契約締結意思として評価されるのであり、このかぎりにおいて、いわゆる社会類型的行為を他の法律行為締結と区別し、当事者意思に基づかずに法的拘束力が生ずる特別の場合であると解する必然性は存しないと考えられる。

もっとも、当事者意思という点で社会類型的行為を特別のものとしてみるべきではないとしても、第二・第三の理由を考慮して一定の取引について意思表示に関する原則の適用を排除する可能性が当然に否定されるものではない。法律行為の種類・態様に応じて、たとえば遺言のように意思表示の瑕疵がより広く考慮される場合があり、他方において手形法・小切手法におけるように、取引の安全が当事者意思に優先すべき場合もありうる。そうすると、問題は、社会類型的行為について、民法の一般原則の適用排除を正当化するだけの特別事情が存するかどうかにあるといえる。とりわけ一定の公共的サービスについて、給付内容が生活に必要であり、かつ、給付条件も画一的であるような場合には、意思表示の瑕疵、行為能力の制限あるいは明示的な契約締結拒絶の場合でも、それらを問題とすることなく、給付を受領した者はそれに対応する対価を支払う義務を負うとすることには、それなりの合理性があろう。しかし、適用範囲の必ずしも明確とはいえない社会類型的行為について、例外ルールを一般的に承認することには、強い疑問を感ずる。例外を認めるべき場合については、個々に立法的な手当を行うことが可能であって、法律行為法の理論そのものに例外を認めることにはより慎重であるべきだと考えられる。

(5) これと関係するものとして、いわゆる生活必需契約の問題に言及しておこう。従来の行為無能力制度の下において、とりわけ保護者の欠けている未成年者の場合に、生活に必要な契約を単独で有効に行う必要性が説かれていた。(25) そのような行為が社会類型的行為にも該当しうるかぎりにおいて、右の議論とも密接に関連していたが、成年後見法の改正により、広義の成年後見類型である後見、保佐、補助の場合について、成年被後見人、被保佐人、被補助者が単独で行った日用品の購入その他日常生活に関する行為(以下、日常生活行為)は取り消しえないものとする規定が新たに創設されるにいたった。この改正は、制限能力者に存続する自己決定を尊重するとともに、取消権が排除されることにより、相手方も能力制限を理由に契約を拒否する必要がなく、能力制限を理由とする契約締結の拒絶という不都合が回避されるという趣旨に基づくものであるが[26]、当事者意思との関係ではどのような意義を有するであろうか[27]。

一方で、制限能力者の自己決定の尊重が説かれる点で、その意思による法律関係の形成が前提となっており、少なくとも出発点において社会類型的行為理論とは大きく異なっている。しかし他方で、とりわけ成年被後見人の場合については、意思能力との関係が問題となる。すなわち、成年後見の審判開始要件が、精神上の障害により事理弁識能力を欠く常況にあるとされている以上(民七条)、民法九条但書の例外を定めても、一般原則にしたがって意思能力を欠くがゆえに無効となってしまうのではないかという疑問が生ずる。日常生活行為は意思能力の存否を問題とすることなく有効であるとするような解釈は、規定の根拠からいっても、体裁からいってもとりえないとすると、その実際的意義はむしろ乏しく、一時的に意思能力が回復していた場合、あるいは問題となる当該行為に必要な取引能力との関係でなお意思能力ありとされる場合に限って、例外的に適用が認められるにとどまることになろう。また、被保佐人や被補助者については、もともと日常生活行為とされるものの大部分については、保佐人や補助者の同意を要することなく、単独で法律行為を行うことが可能であり(民一二条一項各号参照)、この点でもそれほど大きな意味を持たない。

これに対し、もともと生活必需契約理論の必要性が説かれていた未成年者については、成年後見法改正の対象となっていなかったことから、直接には立法的手当がなされていない。ここでは、成年被後見人とのバランスからいって未成年者についても民法九条但書の類推適用が考慮される必要があること、しかし、法定代理人の同意を得て法律行為をなしうる未成年者は、成年被後見の場合に比して、自ら日常生活行為を行う必要性に乏しいことを考慮すると、右の類推適用は法定代理人による能力補充が法律上ないし事実上困難である場合に限られるべきことを指摘するにとどめたい。

3　法律行為の解釈と当事者意思

(1)　法律行為における当事者の意思が、事情によってはきわめて限定的でありえ、かつ、その意思も、行為の当事者が法律行為を行うという認識を明確に有しているということを必要としないもので足りるとすると、当事者意思の射程は、法律行為当事者間の権利義務関係確定のための不可欠の作業である法律行為解釈の果たすべき意味・役割にも必然的に影響を及ぼすことになる。以下、契約解釈の場面に限定して、問題点をみよう。

(2)　今日ほぼ一般的に認められる立場によれば、広義の契約解釈には、異質の作業が含まれており、とりわけ、契約当事者が実際にどのような合意を行ったかという当事者の合意の解釈＝当事者意思の確定と、当事者が現実に定めていない問題についてどのような法律効果が認められるべきかという当事者意思の補充が区別される[28]。契約当事者はその合意にしたがってその法律関係を形成することができるのであるから、契約解釈の最も重要な課題は、当事者の合意した内容を明らかにし、当事者の合意に即した法律効果の発生を認めることにあるといえそうである。

しかし、この前提となる問題は、そもそも契約が成立したといえるか、当事者間に契約締結の意思があったといえるかどうかである。この点に関する民法の規定はごく単純であって、要するところ申込と承諾の合致によって契約が成立する旨を定めるにとどまっており、どのような事情があれば当事者の行為が申込の意思表示として評価されるのかについては、具体的な基準を与えていない。理論的には、承諾があれば直ちに契約の成立を認めることができるような確定的表示が申込の意思表示となり、これに対し、相手方の同意があってもなお契約の成否を考慮する余地が残されているような表示は確定性を欠いた申込の誘引にとどまるとされており、そのような枠組み自体には異論がないとしても、そこから何が申込に当たるとされ、何が申込の誘引にすぎないかが導かれるわけではない。

また、近時においては、とりわけ契約交渉関係に入った当事者の一方が、最終的に契約締結に応じなかった場合に、契約成立を期待していた相手方に対して、どのような根拠に基づいてどのような責任を負うかという議論と関連して、契約成立のプロセスに関する議論が深化している。(29)申込と承諾の合致というモデルが、契約成立時期の一点に着目するものであるとすると、新たな考え方は、契約交渉の開始から最終的な契約成立にいたるまでの当事者の交渉過程を動態的に捉えるところに最大の特徴を有するが、契約に基づく履行義務の発生が認められるかどうかという観点のみからいえば、やはりここでも、ある一時期を区別して、それ以前ならば契約は未だ成立しておらず、単に相手方の被った損害に対して一定の要件の下で不法行為ないし契約類似の責任を根拠に賠償義務を負うとされ、それ以後は、契約が成立し、契約の成立を争って契約上の義務を履行しようとしない相手方は、端的に契約責任の追及を受けることになる。したがって、この場合にも、いかなる時点で契約が締結されたかという問題が決定的に重要となることは、申込・承諾の合致による契約成立の場合と同様である。

当事者意思の射程との関係では、行為者が自己の意思にしたがって決定する内容が限られていればいるほど、契約締結意思の判断はより容易であろう。とりわけ、日常的に繰り返される多くの取引におけるように、とくに契約交渉を要することなく、契約の最も重要な部分が定まっている、あるいは定まりうるようなケースにおいては、そのような形で提供されている給付を受領・利用する行為ないしそれを欲する意思の表明は、それ自体契約締結に向けられた意思として評価されることに大きな問題はないといえる。[30] もちろん、右にも述べたように、たとえばカタログ販売のような場合については、カタログ送付が申込に当たるか、カタログに基づく注文が申込であって、カタログ送付は単に申込の誘引にとどまるのかという問題は残るが、[31] このような場合、結局のところ、カタログ送付を受けた者が、注文をなすことによって契約が確定的に成立したと信じ、かつそう信じることが許されたかどうかが基準となると解される。カタログの説明から、注文に応ずることができない可能性の留保されていることが認識しうるかぎりは、申込としての確定性を欠くといえるが、そうでない場合には、カタログ送付行為はむしろ申込そのものとして評価されるべきものといえる。[32]

これに対し、当事者間の交渉が長ければ長いほど、また多岐にわたればわたるほど、交渉当事者は、合意されるべき内容を慎重に吟味し、契約締結による利害得失を入念に衡量するのであるから、契約締結の確定的意思を認めるためには、自ずから、それにふさわしいだけの明確な意思表明を必要とすることになろう。[33]

(3) 契約の成立が認められる場合に、その効果がいかなる範囲で当事者意思に基礎づけられるかは、まさに当事者意思の射程によることになる。その出発点となるのは、いうまでもなく当事者の合意内容であり、契約の解釈が何よりもまず当事者の真意探究を目指すことは当然である。しかし、契約当事者の意思の射程が限定的であり、契約成立のために必要最小限度の内容にとどまっている場合には、この意味での解釈の役割もまた必然的に限られることになる。契約の目的物とされた物は何か、それはどのような属性を備えているべきか、支払われるべき対価は何かといった、契約の成立そのものに直接関わるような基本的な事項について当事者の真意を問うことになるが、このような点に関して当事者の意思が合致していないというケースは、通常むしろまれであろう。理論的には、このような場合に、当事者の一方ないし双方の意思が、合意された「客観的な」表示内容と一致していない場合に、契約の効力がどう考えられるべきかについては、対立が存在する。[34] 近時の見解は、当事者の意思が合致しているかぎりにおいて、表示内容如何にかかわらず、当事者意思が優先するとする点ではほぼ一致しており、当事者意思が一致していない場合に、いずれの意思ないし表示が優先すべきかをめぐって議論の対立がみられる。図式的に、①当事者の表示内容が一致しない場合(例、買主が目的物甲を表示し、売主が目的物乙を表示)、②一方当事者の意思が表示内容と一致しないが、他方当事者は表示内容どおりに理解していた場合(例、表示された目的物はいずれも乙であったところ、買主は甲を買う真意であった)、③双方当事者がともに表示内容とは異なった意思を有していたという例外的な場合(例、目的物の表示内容は丙であったところ、買主は甲を買う真意、売主は乙を売る真意)という三つの場合を分けることができるが、とりわけ議論が分かれるのは③の場合である。通説的立場によれば、少なくともその定式にしたがうかぎり、客観的な表示意味が優先することになるが、この点につき、筆者はつとに、契約当事者の現実の意思と切り離された、表示の「客観的意味」を問うことは意味がないと主張している。[35] これを繰り返す要はないが、本稿との関連においては、①・②の場合を含めて、契約解釈と契約の成否・有効無効の判断との関係を論じておく必要がある。すなわち、一般に、①の場合には、表示内容が一致しない以上、契約は成立せず、②の場合には、逆に表示内容が一致している以上は契約は成立し、ただ表示と異なった意思を有していた当事者は錯誤に陥っており、民法九五条の要件を充足するかぎり、錯誤した表意者は契約の無効を主張できるとされる。[36] また、③の場合に、契約の成立を認めたうえで、契約当事者がそれぞれ錯誤主張の可能性を有すると考えるか、契約の成立を否定するかにつき対立がある。

しかし、こうした判断枠組みそのものが、当事者の意思表示の内容、すなわち意思の射程がごく限定された場合には、そのまま当てはまるものではあるが、当事者の合意した(と信じた)内容が多ければ多いほど、契約の成否や有効・無効の問題と契約解釈の問題とを区別して考えることが必要となる。[37]

問題を考える手がかりの一例として、組合契約における規約の条項の解釈が問題となった最判平成一一年二月二三日（民集五三巻二号一九三頁）をとりあげよう[38]。事案を簡略化すれば、本件では、ヨットクラブの規約の中にクラブ会員の権利の譲渡・退会に関する条項が存在し、他方、脱退に関する規定がとくに存在していなかったというケースで、この規約が権利譲渡以外の方法による脱退を認めない趣旨かどうかが問題となった。

このような場合、まず第一に当事者の真意がそもそも何であったかを明らかにすることが必ずしも容易ではない。当事者が組合規約の中で、右条項以外の方法による脱退を認めないという条項を明示的に定めている場合を除くと、当事者がこの点について真に「合意」していたといえるかどうかは微妙な場合が少なくないであろう。第二に、各当事者の意思が確定可能であるとしても、規約全体の趣旨から右条項を解釈すると、権利譲渡以外の脱退を認めない趣旨であると解される場合、あるいはその条項がいずれの趣旨であるか一義的に確定できないという場合に、組合契約の効力はどのように考えられるべきか。前者の場合には、他の脱退方法を排除する趣旨ではないと考えていた当事者にとっては、合意内容の一部がその意思に合致していないことになるが、この部分の意思の不一致を理由として契約全体につき錯誤無効を主張しうるかどうかが問題となり[39]、後者の場合には、契約内容の一部について合意がそもそも存在しないことになるが、それにもかかわらず契約が全体として有効に成立することを妨げないのかどうかが問題となる。錯誤については、民法九五条の「要素ノ錯誤」に当たるかどうかの判断の中で、当該条項の意味に関する錯誤が契約全体にとってどの程度に重要であるかにしたがい、無効主張の可否が決せられることになろう。これに対し、合意の一部欠缺の場合については、直接にこれを規律する規定は存在しない。合意が成立するためにはどのような部分について意思の合致が必要であるかについても議論があるが[40]、ここでは、合意したと信じた内容につき合意が欠けていることが事後に判明するという点で、状況がやや異なる。錯誤無効の趣旨を類推して、当該部分についての合意欠如が合意全体にとってどの程度重要であったかどうかにしたがって判断することが考えられるが、なお検討を要する。[41] 第三に、第一の問題とも密接に関連する点であるが、当事者の意思確定作業と当事者意思の欠缺を補充する作業（いわゆる補充的解釈）との区別の困難性を指摘することができる。当事者の合意内容が多くのルールを含む場合には、合意はその総体から成り立っており、個々の条項の解釈についてもそうした全体的連関を考慮することが不可欠となる。[42] 権利譲渡に関する条項が他の方法による脱退可能性の排除を同時に意味していると捉えるならば、当事者意思の確定を語りうるかもしれない。しかし、当事者が特にこの点を意識せずに右条項を置いていたとすると、その条項の趣旨は規約の全内容に照らして解釈され、他の方法による脱退可能性が認められないという結論が導かれたとしても、これを狭義の、すなわち当事者の現実意思の内容を明らかにする解釈といえるかはむしろ疑問であろう。したがって、当事者の意思が明確である場合を除くと、意思の確定と補充は連続性を有し、截然と区別することは困難である。もちろん、このことは純然たる意思の確定の場合、当事者の現実意思をまったく欠くところでルールの補充が行われる場合のあることを否定するものではないが、当事者の合意内容が多岐にわたればわたるほど、意思確定と補充の区別も微妙になりうることが看過されてはならない。

(4)　当事者意思の広狭如何にかかわらず、当事者間において問題となりうる権利義務関係のすべてについて当事者があらかじめ合意をしておくことは事実上不可能であり、この意味において、当事者意思を「補充」する必要性の存することについては異論がないであろう。また、既述のように、このような補充は民法自身が予定するところでもある。そのような補充に際してよるべき基準として、慣習を含む客観的な法規範を考えるのか、あるいは当事者意思から導かれる補充的ルールを考えるのかが近時議論となっているが、[43] この点についても当事者意思の射程との関係を考慮する必要がある。

当事者による合意内容がごく限られている場合には、欠缺補充に際してよるべき基準についての対立は大きな意味を持たないように思われる。当事者意思を考慮した補充的解釈を客観的な法規範に優先させる立場に立ったとしても、手がかりとなるべき当事者意思の射程が限られている以上、そこから「仮定的な」当事者意思を導き出すこともまた困難である。したがって、このような場合、当事者意思の及ばない部分に関するルール補充は、客観的な法規範によることになるのが通常である。[44] 契約については、債権総則及び各典型契約に含まれる多くの規定がいわゆる任意規定であり、当事者意思によって積極的に排除されないかぎり、現実意思を補完する補充的ルールとして適用されることになる。

それでは、なぜこのような任意規定にしたがった補充が許されるのだろうか。当事者が合意していないルールを押しつけることは、当事者の意思に反した合意を押しつけることにならないのだろうか。あるいは、当事者が予想もしなかったような効果が任意規定の適用によって導かれる場合に、そのような当事者の錯誤は考慮される必要がないのだろうか。この点につき、近時、とりわけ典型契約の意義をめぐって新たな議論の進展がみられるが、[45] そこで注目されるのは、典型契約類型には「人々が妥当なものだと考えてきた契約内容が詰め込まれている」という意味において、[46] そこに含まれたルールに正義の基準としての積極的意義をみようとする考え方である。[47] これを任意規定一般に広げて考えると、右の疑問にも答えることができるように思われる。すなわち、任意規定は、法が当事者の合意なき場合に備えて単に便宜的に補充規定を置いたという消極的意義にとどまるのではなく、当事者の権利義務関係を規律するルールとして合理性を備えており、だからこそ、これに依って当事者の法律関係を規律したとしても、当事者のいずれかに不当に不利益を課するものではなく、また、そのような効果をおよそ考慮していなかった当事者に錯誤主張を認めないとしても、不当な拘束を強いることにはならないと考えられる。もっとも、すでに示唆されているように、現存する任意規定のすべてが、右のような意味での合理性基準といえるかどうかは疑問もあろう[48]。当事者が合意をすれば排除されるというかぎりにおいては共通の性質を有するとしても、たとえば、債務の履行地に関する民法四八四条と売買の担保責任規定が同じ程度に当事者の権利義務関係を合理的に規律する基準とは考えにくい。後者が、その法的性質論を措くとしても、有償契約という売買の性質から導かれる等価性と密接に関わるルールであるのに対し、前者は依るべき基準の不存在による不便を回避するという性格が強いといえよう。そうだとすると、どのような任意規定がどのような性質を持っているかを、個別的にみていくことが必要となるが、ここではそうした各論的な検討を断念するほかはない。

より重要であるのは、現行民法の任意規定が、実際にも、当事者の欠缺する意思を合理的に補充するにふさわしい規範内容を備えているかどうかである。つとに知られているように、民法の起草者は、詳細な規定を置くことがかえって民法の柔軟な発展を阻害するという懸念から、意識的に少ない条文をもってよしとしたのであるが、そのような態度が当時として正当であったかどうかはともかく、今日において任意規定のカタログが十分に用意されているとはいえないという状況の原因となっていることは否めない。民法制定後の判例・学説の発展を通じて、新たな法原則が定着することにより、カタログの補充が行われているとはいえ、とくに契約各則の部分では任意規定の不備が多く認められる。

また、すでに存在する任意規定についても、そのルールの合理性が問われうる。とりわけ、民法が有体物の(有償)取引を基本型としている結果、役務の提供を目的とする契約類型についてのルールが十分に整備されているとはいえない状況にある。例えば、典型契約の一つである請負契約は仕事の完成を債務内容とするが、そこにいう仕事の完成は、有体物の完成をいう場合には比較的明確な概念内容であるとしても、無形的な結果を実現する場合には、何を「結果」と捉えるかが重要となるが、これは役務の内容に応じて多様であり、幅広い意味で請負契約に包摂される種々の契約の規制にとって有用な補充ルールを提供しているとはいいがたい状況にある。また、ある契約が委任契約に当たるか請負契約に当たるかが議論されることが少なくないが（例、医療契約）[49]、役務の提供を内容とする契約が、委任か請負かという二者択一的な発想になじむものかどうかを問う必要があろう。

当事者意思を補充する任意規定の不備は、債権総則、契約総則、契約各則の種々のレベルで存在しうるが、とりわけ現在の典型契約類型に不十分なところがあるとすれば、それはどのような方向で補完すべきなのだろうか。一つの方向は、現在におけると同じように抽象度の高い典型契約類型を前提としたうえで、その再整序を図るという可能性であり、もう一つの方向は、現実に存在する契約のタイプから出発して、それらに共通するルールを抽出し、一つの典型契約として法典にルールを置くという考え方である。たとえば、医療契約に関する標準的ルール、旅行契約に関する標準的ルールを定めることにより、請負か委任かといった抽象的な法的性質決定の必要性を乏しくすることが考えられる。

後者の方法が種々の限界や問題点を含むことはつとに指摘されているとおりである[50]。すなわち、社会に存在するあらゆるタイプの契約を典型契約として法典に取り込むことは事実上不可能であり、かりに一定の範囲で可能だとしても法典の肥大化を招くことになる。また、社会の進展とともにそのようなタイプも変化していくので、法典化はかえって契約法のダイナミックな発展にマイナスに作用することにもなりかねない。さらにいえば、たとえば右の医療契約・旅行契約といった類型自体も、それ自体一定の抽象性を備えた概念であって、社会の中で締結される一つ一つの契約は、それぞれ個性を持ちうるのであり、請負か委任かという法的性質決定におけると同様に、医療契約に当たるかどうかという法的性質決定から一定のルールを導くという方法によって当該契約にとって基準となるべきルールを導くことができないという場合もありうる。

これら二つの方向は、二者択一的に考えるべきものではないが、現在の社会において重要な意味を持つ契約類型については、種々の困難にもかかわらず可能なかぎり任意規定のカタログを法典の中に用意するという方向をより強く目指すべきではないかと考える。その理由は第一に、任意規定による契約補充が必要となる局面が、とりわけ当事者の意思射程が限られている場合であるという点にある。契約の両当事者が交渉のうえ合意を成立させるという場合には、任意規定の存在は一つのモデル以上の意味を持たず、当事者はそれを参考としつつ、これと異なる合意を行うことができるのであり、この意味では当事者による自律的な法律関係の形成にとって任意規定が桎梏となる事態は考えにくい。しかし反対に、権利義務関係の詳細を自己の意思にしたがって定める可能性を持たない者にとっては、契約の締結によって発生する効果をあらかじめ認識し、かつ、そのような効果が契約当事者の利益調整として合理的なものであると信頼できるためには、そのような規定が法典の中に存置されていることが望ましいといえる。第二に、弾力的に運用できるような抽象度の高い類型を規定するにとどめる方法は、裁判所における法の適用という点に関するかぎり、合理的なルール発見（ないし創造）が可能となり、法体系の動的発展という点ではより適切であるかもしれない。しかし、こうした方法による解決は、原則として事後的であり、かつ時間をかけて徐々に形成されていくものであるが、具体的な行為規範としてのルールが明確化されないというデメリットを伴う。意思射程の限られた契約当事者が、自己の契約締結によりどのような権利義務関係が生ずるのかをあらかじめ知りうるという必要性は、より強調されてしかるべきであろう(51)。したがって、第三に、法典の肥大化という弊害は、ルールの明確化という長所との比較で考えると、あえて甘受すべきものではなかろうか。とくに、個別的な規制を必要とする契約類型について、それぞれ特別法による立法化を図るという手法は、実質的には法典の肥大化を避けるものではないのみならず、個別立法であるがゆえに、法典全体の体系との整合性に十分な配慮がなされないという危険性がより大きいといわなければならない。[52] 第四に、一旦法典の中に取り込まれると、それが固定的な基準として作用し、新たな契約法の発展を阻止するという問題は、法典の内容が、速いテンポで変化する社会に対応しているかどうかを不断に問う努力によって克服していくべきものであろう。

(5) 契約当事者が両当事者の意思にしたがって多くの点を合意するという場面における契約の補充は、右の場合とは様相を異にする。当事者の合意が広汎にわたればわたるほど、任意規定が存在する契約類型についても、標準モデルとしての任意規定の意義も乏しいものとなる。当事者が明示的な合意によって任意規定を排除していない場合であっても、当事者の合意内容全体の趣旨からすると、当該契約にとってある任意規定の適用が適合的ではないということがありうる。このようにみれば、任意規定による意思補充がなされるべきかどうかの判断に際して、当事者の合意が依るべき基準となる。一定の任意規定が適用されると判断される場合においても、その結果は、意思補充のために任意規定が存在するがゆえにではなく、当事者の合意の趣旨がこれを正当化することに由来する。また、任意規定が存在しない場合、あるいは存在する任意規定の適用が排除されるべき場合には、裁判所は、当事者の合意に照らして新たなルールを発見するほかはない。後者の場合に、当事者意思そのものの解釈といえるのか、あるいは欠けている意思を補充するとみるのかを区別することが容易ではないことはすでにみたとおりである。

4 約款による当事者意思の補充

(1) いわゆる約款を用いた契約においては、[53] 一見すると、詳細な契約条件を定めた約款の内容が契約の中に取り込まれる結果、生ずる効果も当事者意思に由来するかのような外観を呈する。しかし、他方当事者が、約款の定める内容につき契約交渉によってこれを変更する法的・社会的・経済的な力のない場合、その意思の射程がごく限られたものであることは、繰り返し指摘されているとおりである。このような認識と不可分に関連して、約款がなぜ相手方を拘束することができるのか、またその拘束力はいかなる範囲で認められるのか、約款に含まれる不合理な条項をいかに規制すべきか、その条項の効力が否定されるとすれば約款による契約の効力がどうなるか等について、詳細な議論が存在する。しかし、これを逐一検討することは本稿の企図するところではない。ここでは、当事者意思の射程との関連において、いくつかの点を指摘するにとどまる。

(2) 約款の相手方は、当該契約が約款にしたがってなされることを抽象的・一般的には前提としているとしても、すなわちこの意味で「約款による意思」があるとしても、個々の具体的な条項についてこれを認識していないことがむしろ通常である。また、かりにそのような約款の内容について現実の認識があり、一定の条項が不当であると考えたとしても、これを契約締結に際して改めさせるという可能性は原則として存在しない。したがって、約款内容の全体が、交渉を経て成立した合意と同じような意味で両当事者の合意に裏づけられてはいないということは明らかである。相手方は、契約を締結するか否か、給付されるべき物の数量・価格、提供される役務の対価といった契約の最も基本的な事項[54]について、自己の意思を現実に形成するが、その他の部分については、現実の意思は及んでいない。すなわち、約款全体を受け入れて契約を締結するか、あるいは契約を断念するかの選択が存するにとどまり、当該契約の締結が相手方にとって必要であるかぎりは、約款の内容如何にかかわらず、契約締結を選択するほかはない。

約款の相手方となる者にとって、意思の射程がごく限られているという状況は、**3**で検討した場合と同様であるが、そこでは、意思の及ばない問題についての補充は主として客観的な法規範にしたがって行われる。これに対し、かりに、約款を用いた契約において約款の内容が当然に効力を有するとすれば、補充されるルールは、もっぱら約款作成者ないし約款利用者(以下、単に約款利用者)の意思にしたがうことになる。したがって、最も根本的な問題は、当事者の一方の意思の射程が限局されている場合に、その意思を補充するルールが約款利用者の意思によって定められることが妥当なのかどうかである。約款によることを承認するという意味での約款による意思は、はたしてこのような重大な効果を正当化しうるのであろうか。

(3) かくして、まず第一に、そうした約款の内容がそもそも契約の内容となりうるのかが問われることになる。約款の条項内容について具体的な認識・了知可能性を強調し、そのような可能性が保障されていない場合には、そのような条項は契約内容にはならないとする考え方は[55]、契約成立のレベルで意思の稀薄性を考慮しようとするものといえる。もっとも、約款による契約において、相手方の現実の了知ないし了知可能性を重視することが事態適合的かどうかは、疑問がないではない。約款の相手方となる者の認識能力には種々の段階があり、約款利用者に十分な説明義務を課したとしても、詳細な約款の内容を正確に理解することは必ずしも期待できない場合が少なくないであろう。さらに、そのような理解がなされたとしても、相手方はその内容を自己の意思にしたがって変更するという可能性を持たないのが通常であるから、開示について厳格な要件を付加したとしても、契約両当事者が交渉を経て成立させる合意と同列に論ずることはできない。したがって、約款の開示という問題とは別に、約款内容が相手方を拘束しうるのかどうか、その内容が有効かどうかという問題が不可避的に生ずる。この場合にも、ドイツ約款規制法三条におけると同様に、約款の相手方が通常はおよそ予想しないような異常な条項（いわゆる不意打ち条項）については、そもそも合意内容を構成しないという考え方が存在する[56]。これは約款による意思が概括的に約款内容の契約への取り込みを基礎づけるとしつつ、例外的な条項については、約款による意思が及ばないとするものであるが、不意打ち条項の問題を契約成立レベルで捉えるべきかどうかは、なお検討の余地があろう[57]。この点につき、不意打ち条項は契約内容の確定に関する問題であり、内容規制は、契約内容になったことを前提とする問題であるとして、両者を截然と区別する立場も主張される。(58) しかし、この説も、不意打ち条項が合意内容を構成しないとするのは、開示された約款につき、約款によるとの意思があれば、約款内容の効力が認められるという原則に対する例外であることを承認している。すなわち、約款による意思に限界を画するという規範的な判断を介してはじめて、不意打ち条項が契約内容確定の問題として位置づけられるのであるから、反対に、契約内容確定の問題としては約款による意思をもって合意に取り込む要件としては足りるとしたうえで、不意打ち条項の内容規制を図るという方法も十分に可能なのではなかろうか。(59)

(4) 約款内容を規制する手法としては、従来から、約款の「解釈」が隠れた内容規制手段として用いられることが指摘されてきた。(60) より直截的には、一定の条項の効力そのものを否定すべきであるところ、根拠となるべき規定が必ずしも明確ではないことがその主たる理由であった。したがって、不当条項を規制する明文の規定が存在するならば、こうした不明確な形での内容規制を行うべき必要性は乏しいことになろう。(61) この点、本年四月二八日に成立した消費者契約法は、消費者契約に関して、一定の条項が無効であると規定し(法八条・九条)、かつ、消費者契約に含まれる条項が、任意規定の適用の場合に比して消費者の権利を制限し、または義務を加重し、これが信義則に反して消費者の利益を一方的に害する場合には無効とするとの一般条項を定めた(同一〇条)。法定された不当条項のカタログは、ごく限られたものであるが、一般条項の適用を介して、諸々の法律に含まれる任意規定が、ある条項の不当性を判断する重要な基準となることが明文で宣言されたという点で、重要な意味を有する。もちろん、同法は、直接的には消費者・事業者間に締結される消費者契約を規律の対象とし、約款規制そのものを目的とするものではないが、消費者契約における条項規制は実質的に後者と重なり合うところが多い。(62) これらにおいては、総論的には、不当条項の規制がなぜ可能なのか、各論的には、一定の条項が不当といえるかどうかの判断基準は何かが問題となる。前者については、種々のニュアンスの相違はありうるにせよ、要するところ、約款による意思のみをもっては、約款に含まれる条項の効力すべてを正当化することはできず、これらの条項に対する具体的・個別的な同意を欠くところで、約款の相手方の不十分な意思を支援することが必要であるという点で考え方は一致している。後者については、先述したように、任意規定が単に当事者意思を補充するという消極的機能だけではなく、契約当事者の利害調整のための合理的基準としての意味を持つことが近時強調されるようになっている。そうだとすると、そのような基準とは異なった条項を合意するためには、それにふさわしい当事者の意思が必要だと考えられ、約款による意思という概括的な意思では十分ではなく、あるいは当該条項について具体的な認識があったとしても、約款によることの同意は、一つ一つの条項に対する同意と評価することはできないということになろう。

しかし、このことはまた、**3**において指摘した現在における任意規定の問題性を再認識させる。とくに、現存する任意規定のどれがそのような合理性基準として機能するか、そもそも基準となるべき任意規定が存在するかが問われなければならない。約款が用いられる一つの理由は、法典の中に適切な規定が十分に用意されていないというところにあるが、そのような不備を補うために約款が作成・利用される場合、不当性の判断に際して依るべき任意規定も存在しない。法が、新しい時代の需要に適合する任意規定のカタログを用意することは、こうした観点からも要請されているといえよう。

(5) 隠れた約款規制という問題を離れても、約款の解釈がいかになされるべきかという問題が存する。(63) 約款による取引も、約款による意思を介して行われる契約的合意にすぎないとする近時の考え方からすれば、その解釈も、まず契約当事者の意思を優先すべきであるとすることになろう。(64) したがって、たとえばある約款の条項が一定の意味内容を持つとの説明を受け、これに基づいて契約を締結する場合には、その説明が約款利用者の意図とは異なったものであったとしても、その相手方にとっては、当該条項を説明を受けた内容にしたがった意味を有するというべきである。この場合に、契約の締結に当たる者が約款利用者の代理人である場合には、相手方の理解した条項の内容を認識しており、したがって、両当事者の意思は一致している。この場合に、約款利用者が当該条項を通常は別個の意味で用いているということは、右の契約にとっては意味を持たない。その代理人が条項の意味を誤解していたという場合には、民法一〇一条・九五条の適用の余地が残るにとどまる。これに対し、約款の説明を行った者が代理人ではなかったという場合にはどうか。相手方としては約款の説明をすべき被用者の説明に基づいて理解することができた内容は、その意思内容を構成するという点で、前者の場合と同様であるが、約款利用者が異なった意味で条項を理解していたとすると、意思の一致が欠けることになろう。そうすると、当該条項については合意が成立しないままに他の条項にしたがった契約が締結されたことになる。この場合に、当該条項の合意欠缺が契約全体にどのような影響を及ぼすかは、当該条項が約款全体の中でどのような重要性を占めるかによることになると考えられる。

もっとも、このような場合はむしろ例外であり、通常は、相手方は約款の内容について具体的な認識を持たないままに約款にしたがって契約を締結することになる。この場合、約款の解釈は、もはや契約両当事者の合意内容を確定するものではありえない。それでは、約款利用者の意思のみを基準とすることはできないのだろうか。約款利用者がある条項を一定の意味で理解し、かつ、相手方はその約款による意思を有するとすれば、約款利用者の意思にしたがって解釈されるという結論も論理的には不可能ではないように思われる。しかし、約款については通常の解釈方法とは異なる解釈原理の支配を肯定する多くの説も、平均的顧客の理解可能性にしたがって解釈されるべきであるとする考え方をとっている。結論的には、相手方に、約款の条項に関する具体的認識が存在しないかぎりにおいて、基本的にこれを支持すべきであると考えるが、(65) これは、約款による意思は約款の内容を利用者の意思にしたがって解釈することを正当化するものではないという認識を前提とする。すなわち、約款による意思の射程に関する規範的判断に裏づけられたものであり、いずれの当事者の現実の意思とも必ずしも一致しない契約内容が確定されるという点で、それ自体が一種の内容規制とみる余地もあるように思われる。

（7） ただし、当事者意思を補充するルールが何か、典型契約の存在意義と当事者意思の補充の関係をどのように把握するか、また、客観的な法規範といわゆる補充的契約解釈の関係をどう考えるか等については、後述3(4)(5)参照。

（8） 事実的契約関係理論をめぐるドイツ及び日本における状況については、谷口知平＝五十嵐清『新版注民(13)』二八二頁以下（五十川直行執筆）に詳細な検討があり、本稿の論述も、基本的にはこれに依拠している。また、五十川は、論文「いわゆる『事実的契約関係理論』について」（法協一〇〇巻六号八八頁以下）を公表しているが、これにつき、筆者の書評・法律時報五六巻六号一二一頁も参照。

（9） Haupt, Über faktische Vertragsverhältnisse, Festschrift der Leipziger Juristenfakultät für H. Siber, Bd. II, 1943, S. 1ff.

（10） ここで留意を要するのは、ハウプトは、意思表示の存在なしに成立する事実的契約関係についても、その不存在のゆえに行為無能力制度や錯誤取消の適用が当然に排除されることになるとするのではなく、大量取引の円滑な処理と相容れるかどうかという観点から、運送関係について結論的に適用の排除を認めているという点であろう。

（11） ＢＧＨ一九五六年七月一四日判決（BGHZ21, 319）。

(12) BGH一九七一年一月七日判決（BGHZ55, 128)。

(13) BGH一九八五年九月二五日判決（BGHZ95, 399)。

(14) Flume, Allgemeiner Teil des Bürgerlichen Rechts, Bd. 2, Das Rechtsgeschäft, 3. Aufl., 1979, S. 98.

(15) このような動向につき、Kramer, in Münchener Kommentar, Bd. 1, Allgemeiner Teil, 3. Aufl., 1993, vor §116 Rn. 25, 38.

(16) 事実的契約関係理論を、私的自治を破壊する理論として厳しく論難するフルーメ自身がこの立場であることにつき、Flume, aaO., S. 99.

(17) Larenz, DRiZ 1958, 247.

(18) これらの点につき、Kramer, aaO., vor §116 Rn.38およびAnm.86で引用される諸文献参照。

(19) 注(8)所掲『新版注民(13)』三〇五頁〔五十川執筆〕参照。

(20) Flume, aaO., S. 100は、大量給付事例における事実契約関係理論は、結果的には正当であるが、その危険性は契約法全体に及ぼす影響にあるとする。

(21) わが国における議論の状況については、注(8)所掲三〇七頁〔五十川執筆〕以下、森孝三「事実的契約関係」現代契約法大系Ⅰ二一六頁以下、森島昭夫「事実的契約関係」法学教室九三号八八頁以下等参照。

(22) たとえば、幾代通『民法総則（第二版）』五七頁、四宮和夫『民法総則（第四版）』四九頁及び一四一頁、四宮和夫＝能見善久『民法総則（第五版）』三七頁（前出第四版とはややニュアンスを異にする）、内田貴『民法Ⅰ（第二版補訂版）』一二三頁以下等。

(23) もっとも、社会類型的行為概念の定義がどの程度明確になされているかは疑問である。四宮・注(22)所掲

（第四版）一四一頁は、水道・電気・ガスの利用、郵便・電信・電話の利用、バス・市街電車の利用、テレビ・ラジオの視聴、自動販売機の利用等を例示し、「公衆に対して申込のなされている大量・有償の給付を利用する定型的な行為（すなわち社会類型的行為）」と述べているが、なにが「定型的」かは定義されていない。また、自動販売機の利用は、誰でも利用できる機械を介した取引という意味であれば、そのような取引は現代社会において広汎にわたっており、自動販売機で清涼飲料水を購入するといった事例に限定されない。インターネットを利用した電子商取引を清涼飲料水の購入事例と同視することは明らかに相当でないが、前者が後者とは異なって社会類型的行為に当たらないとするためには、別個の限定が必要となろう。

(24) この点につき、拙稿・注(8)所掲書評も参照。

(25) 四宮・注(22)所掲（第四版）四八頁。

(26) 小林昭彦＝大門匡他編著『新成年後見制度の解説』九九頁、安永正昭「成年後見制度(2)」法学教室二三七号五六頁等参照。

(27) これについてより詳しくは、拙稿「成年後見の多元化」民商法雑誌一二二巻四＝五号五七四頁以下参照。

(28) 法律行為の解釈をめぐる理論状況については、野村豊弘「法律行為の解釈」星野英一編集代表『民法講座1』二九一頁以下、沖野眞已「契約の解釈に関する一考察(2)」法協一〇九巻四号四九五頁以下。簡単には、拙稿「法律行為の解釈方法」加藤一郎＝米倉明編『民法の争点Ⅰ』三〇頁以下。

(29) この点につき、詳細な判例・学説の引用を含めて、池田清治『契約交渉の破棄とその責任―現代における信頼保護の一態様』一九五頁以下、注(8)所掲『新版注民(13)』八四頁以下〔潮見佳男執筆〕参照。

(30) もっとも、契約条件が約款によってあらかじめ定められているという場合には、契約意思の射程をどう考えるかについて別個の考慮が必要である（この問題については、二4参照）。

(31) この議論につき、五十嵐・注(8)所掲三五三頁以下〔遠田新一執筆〕参照。

(32) 池田・注(29)所掲は、申込の誘引に対して承諾がなされるであろうと信頼して申込をするという場合が論理的に存在することを前提として、契約交渉破棄の問題を論じているが、このような場合、承諾がなされると信頼するというより、相手方の行為が申込そのものであると信頼しているにすぎないのではなかろうか。

(33) 契約の成立をめぐる裁判例の分析については、池田・注(29)所掲一九五頁以下が詳細である。

(34) 沖野・注(28)所掲論文(二)・法協一〇九巻四号四九六頁以下、鹿野菜穂子「契約の解釈における当事者の意思の探究——当事者の合致した意思」九大法学五六号九一頁以下等参照。

(35) 拙稿「ドイツにおける法律行為解釈論について(4)・完——信頼責任論への序章的考察」神戸法学雑誌三〇巻四号七一八頁、同・注(28)所掲三一頁。

(36) 判例はかつて契約の成立自体を否定したが、この点については、拙稿「日本民法の展開(4)——学説の果たした役割」広中俊雄=星野英一編『民法典の百年I』五三八頁参照。

(37) ドイツ法において、契約の成立や有効・無効と解釈の問題を結びつけて論ずるのが一般であるのに対し、条文の中に多くの解釈原則を含むフランス民法の下では、こうした結びつきは稀薄である(この点につき、沖野・注(28)所掲論文(二)・法協一〇九巻四号五三九頁参照)。ドイツ民法典が「意思表示」の解釈を抽象的に問題とするのに対して、フランス民法典の諸原則は、合意に含まれた個々の条項(clause, terme)が合意全体の中でどのように解釈されるべきかを問題とする。また錯誤規定(一一一〇条)についても、目的物の実質(性質、substance)に関する錯誤を規定し、ドイツ法のような意思欠缺錯誤という体裁をとっていない。これらの相違が、沖野の指摘するような相違をもたらす原因となっているかもしれない。

(38) 解説として、矢尾渉・ジュリスト一一六三号一三八頁、滝沢昌彦・法学教室二二八号一二二頁、山田誠一・

ジュリスト臨増平成一一年度重判八五頁、拙稿・法学教室二三四号別冊判例セレクト二〇頁等参照。なお、本事案では、当事者の合意が民法上の組合契約に当たるかどうかも一争点であったが、ここではこれを前提とする。

(39) なお、本判決においては、条項の解釈としては他の脱退方法を認めない趣旨であるとされ、しかしそのような条項は強行規定に反するとして無効と判断されたが、この場合にも、その条項が有効であると考えていた当事者にとっては同様に錯誤の問題が残ることになろう。また、組合契約の場合には、一種の団体性を備えている点で錯誤無効主張の可否についてはさらに別個の考慮が必要となるが、ここでは解釈との関係を一般的に述べるにとどめる。

(40) この点につき、大村敦志『契約法から消費者法へ』一一五頁参照。

(41) 錯誤者と錯誤に陥っていない者の間の利益調整ルールを、合意の一部欠缺の場合にそのまま当てはめることができるかどうかは疑問である。少なくとも重過失要件や有力説の主張する錯誤の認識可能性といった要件は、ここでは適合的ではない。

(42) たとえばフランス民法一一六一条はこの趣旨を明確に規定する。明文の規定を欠くドイツ法においても、議論の状況は異ならない。法の解釈の場合に類比して、文言解釈、歴史的解釈、体系的解釈、目的論的解釈がなされるべきことにつき、Mayer-Maley in Münchener Kommentar, Bd.I, Allgemeiner Teil, 3. Aufl., 1993, §133 Rn.7.

(43) いわゆる補充的契約解釈に関する議論をわが国に導入した本格的研究として、山本敬三「補充的契約解釈（一）―（五・完）――契約解釈と法の適用との関係に関する一考察」法学論叢一一九巻二号一頁、同四号一頁、一二〇巻一頁、同二号一頁、同三号一頁。また、またアメリカ法における議論を参考とした最近の論稿として、吉田邦彦「比較法的にみた現在の日本民法――契約の解釈・補充と任意規定の意義（日米を中心とする比較法理論的考察）」広中俊雄＝星野英一編『民法典の百年Ⅰ』五四九頁以下）。

(44) 慣習と任意規定の関係が問題となることはいうまでもないが、ここでは当事者意思と客観的ルールとの関係を論ずるという意味で、任意規定の適用を論ずる。

(45) 議論の状況につき、大村敦志『典型契約と性質決定』三頁以下、山本敬三「契約法の改正と典型契約の役割」『債権法改正の課題と方向――民法一〇〇周年を契機として』別冊NBL五一号四頁以下。

(46) 大村・注(45)所掲三五二頁以下。

(47) 約款規制法理との関係で、任意規定の積極的意義が論じられることも多い（河上正二『約款規制の法理』三九四頁、山本豊『不当条項規制と自己責任・契約正義』五九頁以下等参照）。

(48) 大村・注(45)所掲三五五頁、山本豊・注(47)所掲二〇頁も参照。

(49) 前田達明＝稲垣喬＝手嶋豊執筆代表『医事法』二一四頁以下。

(50) これらの点については、山本・注(45)所掲一〇頁以下、大村・注(45)所掲三五二頁以下参照。

(51) ただし、たとえば、大村・注(45)所掲三五七頁は、オランダ民法典に示唆を得て、業界団体の作成する標準契約書に一定の効力を与えるといった可能性を指摘している（内田貴「電子商取引と民法」『債権法改正の課題と方向――民法一〇〇周年を記念として』三二六頁以下も参照）。取引実務の中で、どのようなルールが合理性を有するかを確定すること自体が容易でないことは確かであり、取引実務の必要性に基づく一定のルール形成が立法化に先行する場合のあることは否定できないが、こうした方法は、ある程度安定したルールが形成されるまでの中間的措置として考えるべきではないか。

(52) 割賦販売法や訪問販売法による種々の規律は、今日、業法的規制のほか多くの私法的規定を含んでおり、かつその適用対象が売買以外の契約類型にも拡張され、契約締結に関する契約総則特別法としての性格を強めているが、民法の一般理論とのすりあわせが十分になされているとはいえない状況にある。

(53) 約款の拘束力の根拠を当事者の「契約」に求めることは、今日ほぼ異論がないといってよいであろう。学説の発展につき、河上・注(47)所掲四五頁以下。約款をめぐる現在の理論状況については、注(8)所掲『新版注民(13)』一六六頁以下〔潮見佳男執筆〕。

(54) 河上正二のいう「核心的合意部分」（同・注(47)所掲一八四頁以下等参照）がこれに当たる。

(55) 原島重義「約款と契約の自由」遠藤浩＝林良平＝水本浩監修『現代契約法大系Ⅰ』五三頁以下。ややニュアンスは異なるが、石田喜久夫「わが国における約款論の一斑」『市民法学の形成と展開（下）』磯村哲還暦一〇七頁以下も参照。

(56) 注(8)所掲『新版注民(13)』一八九頁以下〔潮見執筆〕、山本敬三「消費者契約における契約内容の確定」『消費者契約法――立法への課題』ＮＢＬ別冊五四号七六頁以下等参照。

(57) 沖野眞已「『消費者契約法（仮称）』の一検討(5)」ＮＢＬ六五六号五八頁は、不意打ち条項問題の位置づけについて種々の可能性を示唆する。

(58) 山本敬三・注(56)所掲八一頁。

(59) つとにこうした方向を目指すものとして、山下友信「普通保険約款論(5・完)」法協九七巻三号六五頁以下。

(60) 安永正昭「保険契約の解釈と約款規制」商事法務一三三〇号二八頁以下、注(8)所掲『新版注民(13)』一九二頁以下〔潮見執筆〕等参照。

(61) 山本敬三・注(56)所掲八七頁。

(62) 不当条項の規制に関する種々のアプローチにつき、山本豊「契約の内容規制」『債権法改正の課題と方向——民法一〇〇周年を契機として』NBL別冊五一号七五頁以下。

(63) 従来の議論の整理を含めて、上田誠一郎「約款による契約の解釈—いわゆる約款の客観的解釈を中心に」同志社法学四二巻四号六二五頁参照。

(64) このような立場をつとに主張する者として、高橋三知雄「私的自治・法律行為論序説(3・完)」関大法学二四巻六号八八頁、上田・注(63)所掲八四頁以下も同趣旨。

(65) 「顧客」を抽象的・一般的に捉えるべきではなく、個々の状況の下での顧客の理解可能性を問題とすべきであることにつき、上田・注(63)所掲八六頁。

(未完)

《民法典に関する資料》の部

「民法中修正案」（後二編を定める分）について

――政府提出の冊子、条文の変遷――

広中俊雄

目次

一　まえおき

「民法第四編第五編（後二編すなわち親族編・相続編）……ヲ定ム」る法律の議案として政府から帝国議会に提出された「民法中修正案」には、本誌第一巻所載の拙稿「日本民法典編纂史とその資料」で述べたように、第一一回帝国議会に提出された「民法中修正案」と、その改訂版ともいうべき、第一二回帝国議会に提出された「民法中修正案」との、二つがあった。「民法中修正案」の後二編分に二つのものがあったことは、私が指摘するまで長い間、知る人がほとんどいなくなっていたように思われる。まして二つのものの間の差異を精確に知る人ないし差異を調べる手段をもっている人は皆無といってよいのが現状であろう。本稿では、はじめに、二つの「民法中修正案」（後二編の分）のそれぞれを印刷した政府提出冊子『民法中修正案』について述べ（二）、そのあと、それぞれの内容を、比較しやすい形で再現する（三）ことにしたい。

二　政府提出冊子『民法中修正案』の体裁等

(1)　第一一回帝国議会に提出された冊子について

帝国議会は――現在の国会と異なり――開院式における天皇の開会の勅語によって活動能力を取得したのであるが、第一一回帝国議会においては、開院式当日である明治三〇年(一八九七年)一二月二四日、衆議院に「民法中修正案」が(ちなみに「法例修正案」も)提出され、同日の会議で議長からその旨の報告(書記官朗読)がなされている。貴族院には同日「商法修正案」が提出され、翌日の会議でその旨の報告(書記官朗読)がなされているが、貴族院でも政府提出冊子『民法中修正案』は各議員のもとまで参考のために配付されたようである(翌年六月一〇日に貴族院本会議で「民法中修正案」の委員会審査の結果を報告した黒田長成の附随的言及)。しかし、一二月二五日の衆議院解散、貴族院停会のため諸法案は審議されないままに終わった。

第一一回帝国議会に提出された冊子『民法中修正案』(後二編の分)の体裁は、第九回帝国議会に提出された冊子『民法中修正案』(前三編の分)の体裁(広中「民法修正案(前三編)に関するおぼえがき」法学五〇巻(五号、一九八七年)七二三頁参照)と――本文の字詰や行数の差異を除けば――基本的に同じで、その内容は、「民法中修正案」と印刷した第一丁(裏白)のつぎに、「民法第四編第五編別冊ノ通之ヲ定ム」以下(周知のような三つの文章を印刷した第二丁(裏白)があり、改丁後に頁数一から始まる法典目次(冒頭に「民法」とあって改行後ただちに「第四編」云々と続く)が七頁(裏白)まで、さらに改丁後ふたたび頁数一から始まる法典本文(冒頭に「民法」とあって改行後ただちに「第四編」云々と続く)が一一八頁まであったのち、一一九頁に「民法中修正案理由書」という標題のついた五行の文章(本誌第一巻一六五―一六六頁所載)が掲げられるという順序になっている。上記のように「別冊ノ通」と書かれているが、前三編の分と同様、法典部分が別冊形態の製本になっているわけではないし、目次の前に「（別冊）」との表示があるわけでもない。

この『民法中修正案』について正誤の刷り物は作られなかったものと推定されるが、単純な誤植と思われる誤り（後掲条文対照表の注21参照）とは別に、起草者の注意がゆきとどかなかったことを示唆する誤り（同上注7・20参照）がある。後者の一例は第八五五条第二項冒頭が「第七百八十三條」となるべきなのに「第七百八十五條」となっていたという誤りであるが、この誤りは、法典調査会における親族編の整理の過程が複雑をきわめたことに主として起因するというべきであろう。少しくわしく述べると（条文中の①、②は広中）、

（一） 第八五五条は、審議・決定を経た親族編の原案たる明治二九年七月一六日配付『決議案』の第八六四条すなわち、

第八百六十四條①第八百五十條ノ規定ニ違反シタル縁組ハ承諾權ヲ有セシ者ヨリ其取消ヲ裁判所ニ請求スルコトヲ得承諾カ詐欺又ハ强迫ニ因リタルトキ亦同シ

②第七百八十六條ノ規定ハ前項ノ場合ニ之ヲ準用ス

という規定に遡るものであるが、

（二） 明治三〇年七月一九日の第一八回整理会で同月七日配付『整理案』中

舊第八百六十三條及ヒ第八百六十四條ヲ合セテ左ノ一條トス

第八百五十八條①第八百四十四條乃至第八百四十六條ノ規定ニ違反シタル縁組ハ同意ヲ爲ス權利ヲ有セシ者ヨリ其取消ヲ裁判所ニ請求スルコトヲ得同意カ詐欺又ハ强迫ニ因リタルトキ亦同シ

②第七百八十五條ノ規定ハ前項ノ場合ニ之ヲ準用ス

という案が承認され、条文の実質はこれで確定したあと、

（三） 明治三〇年一二月一三日の法例修正案審議の際の関連議事として、民法親族編中第七七六条・第

七七八条・第七九五条・第八五〇条の四箇条の削除が決議され（決議の全体については同月一五日付で「民法整理決議案（明治三〇年九月六日配付）中左ノ通改正ス（明治三十年十二月十三日決議）／第七百七十六條、第七百七十八條、第七百九十五條、第八百五十條、第千八十五條第一項及ヒ第千八十六條ハ之ヲ削除ス」という文書が配付されている）、また同月一七日夕刻の第二四回民法整理会における前日配付『民再整理案』の審議で、旧第七九六条＝新第七九三条の次に新第七九四条が追加されたため、条名（条番号）の変動が生じ、前記のように実質の確定していた第八五八条については、その条名が先行条文の四減・一増の結果「第八百五十五條」に変わり、第一項冒頭の「第八百四十四條乃至第八百四十六條」が先行条文の三減・一増の結果「第八百四十二條乃至第八百四十四條」と改められたほか、第二項冒頭の「第七百八十五條」が先行条文の二減により「第七百八十三條」と訂正されるべきこととなったのに、時間的余裕があまりない段階で急遽（法案の議会提出は同月二四日！）なされたおびただしい条名訂正の際、上記第二項での訂正は洩れてしまった、

というのが、大体の経過のようである。起草者の注意がゆきとどかなかったという言い方をするのは、この場合には厳しすぎるかもしれない（注20で説明する第九九二条第二項の場合には厳しすぎないとしても）。

(2)　第一二回帝国議会に提出された冊子について

第一二回帝国議会（前会期中の衆議院解散に伴う総選挙のあと召集された特別議会）においても、開院式当日である明治三一年（一八九八年）五月一九日、衆議院に「民法中修正案」が（ちなみに「法例修正案」・「民法施行法案」・「戸籍法案」も）提出された。この会期には、衆議院で同月二〇日に政府の「民法中修正案」提出が報告され、同月二一日に第一読会開始、六月二日に一部修正のうえ可決となり、貴族院で六月三日に政府提出・

衆議院送付「民法中修正案」につき第一読会開始、同月一〇日にその可決となる。

第一二回帝国議会に提出された冊子『民法中修正案』の体裁は、第一一回帝国議会に提出された冊子『民法中修正案』の体裁と、字詰や行数をふくめて同じであり、ただ法典本文が、多数箇所での修正（特に親族編での四箇条増加）のため一頁ふえて一一九頁（裏白）までとなり、末尾の「民法中修正案理由書」（字句・文章は変わっていない）が一二二頁に組まれる結果となった。

この『民法中修正案』については、「正誤」と題された刷り物が二枚――おそらく時を異にして――作られている。そのうちの一枚は両面印刷のもので正誤は一九箇所にのぼるのに対し、もう一枚は、正誤一箇所分だけを印刷した裏白の刷り物で、前者が正誤表とよびうる形のものであるのと異なり、表の形になっていない。前者を「正誤甲」とよび後者を「正誤乙」とよぶことにするが、正誤乙は、同衆議院における明治三一年六月三日の「民法中修正案（政府提出）第一読会ノ続（委員長報告）」（六月三日付官報号外『第十二回帝国議会衆議院議事速記録』一二号一七二頁）で大岡育造が

「……御注意マデニ申シテ置キマスガ、此民法ノ修正法條中ニ千二十八條ノ二項ニ『第千二十條』ト云フ字ガゴザイマスガ、（委員会で）調査中了解ニ苦ミマシテ、詮索致シマシタ所ガ、ソレハ第千二十一條ノ誤植デアッテ、『一』ノ字ガ落チテ居ルト云フコトガ分リマシテゴザイマスカラ、念ノタメニ申シテ置キマス。」

と説明した誤植についての正誤である。これに対し、正誤甲に掲げられている正誤一九箇所分のうち、一つ（第九七七条第二項の末尾が行末にきたのでそのことを示すため末尾に付するはずであった鉤括弧の欠落に関する）を除く一八箇所分は、法典調査会で審議・決定された各条文を事後に起草委員が推敲して修正が必要となったことに基づく正誤――「正誤」の名による修正――であるといってよい。右にいう事後の推敲による修正に

関しては、(一) 明治三一年四月一五日の第二五回整理会の冒頭、梅謙次郎委員が

「……文字ノ修正ニ付キマシテハ吾々再三讀ミマシタ上ニ於テドウモ穏カナラヌモノガアツテ修正ヲ加ヘマシタケレドモ〔それらの修正のうち〕聊カタリトモ意味ニ變更ヲ來ス虞ノアルモノ丈ケハ此處〔=当日の審議対象である同月一一日配付の『民法整理案』〕ニ拾ヒ上ケマシタ此外ニハ意味ノ變更ニナルモノハ斷シテナイノテアリマスドウカ是レ丈ケ〔上記『民法整理案』所掲のものだけ〕ヲ議シテ戴キタイ」

と述べて一定の示唆 (正誤中には、同整理会より前になされた推敲による修正のうち「意味ニ變更ヲ來ス虞」がないと判断されたものについての正誤もふくまれている可能性があるとの示唆) をしているほか、(二) 同整理会で確定したはずの修正法条のうち第九四三条 (新設) における「又ハ親族會員」の挿入および第九六四条第三号 (第一二回帝国議会に提出された「民法中修正案」の第九六〇条の第二号を繰り下げたもの) における「、其取消」の削除についての正誤が、同整理会終了後も推敲は (しかも「意味ノ變更ニナル」字句修正すら) なされたということを示唆している。結局、最後の整理会である第二五回整理会の終了後も (可能性としては政府提出冊子『民法中修正案』の印刷完了後も) 起草委員の推敲は続いていたのであった。他にも法案起草等の仕事を抱えていた起草委員——具体的にはおそらく穂積陳重・梅謙次郎の二人——の情熱 (生まれてくる民法典への愛情ともいえようか) が推敲を続行させたとみられるのであり、ただただ脱帽のほかはない。しかし、それでも見落としはあって、一つは衆議院の委員会のメンバーに発見されることとなった (既述) わけであるが、そのほかに、議会でも気づかれないままとなる見落としがあったのである。それは第一〇三六条第一項での見落とし (後掲条文対照表の注24参照) であった。この見落としに関しては、明治三三年八月に印刷された梅『民法要義巻之五相続編』(一九〇〇年、和佛法律学校) の第一〇三六条注釈のなか (二〇〇頁) につぎのような文章が書かれている。

「本條第一項ニハ『第千三十條乃至第千三十三條』ト云ヘルモ是レ固ト（のちの版では「素ト」）印刷ノ誤ニシテ『第千三十條』ハ宜シク『第千三十一條』ニ作ルヘキモノナリ民法議定ノ際此誤刷ニ心附カサリシハ固ヨリ疎漏ノ誹ヲ免レ難シト雖モ第千三十條ノ制裁ハ本條第一項ノ中段ニ規定セルヲ以テ畢竟第千三十條ニ付テハ單ニ重複ノ瑕疵アルノミニシテ毫モ實際ノ支障ヲ生セサルヘシ」

「疎漏ノ誹ヲ免レ難シ」とされている者のなかには梅自身もふくまれているのであろうが、梅や穂積の「疎漏」を咎めるのは苛酷であろう。私の全体的な印象として、前三編にくらべれば後二編は文章の端正・明晰の程度においてやや劣る感じがしなくもないが、これは主として規定対象の複雑さによるものと思われるのであり、改正条約の実施に支障を生じさせる危険が具体化しないですむ期限を目前に控えて時間に追われながら作られたこの二編については、そのできばえに感歎する思いはあっても、その瑕瑾を言い立てる気持ちはほとんど起こらないのである。

三　条文の変遷――条文対照形式による観察

つぎに、二つの「民法中修正案」（後二編の分）のそれぞれの正確な内容を、比較しやすい条文対照表の形にして掲げることにしよう。

後掲対照表の上欄には、第一二回帝国議会に政府から提出された冊子『民法中修正案』の内容を掲げ（ただし末尾の「民法中修正案理由書」を除く）、下欄には、明治三一年五月二五日付官報号外『第十二回帝国議会衆議院議事速記録附録』二一―二〇頁所載の「民法中修正案」（＝衆議院議案）に衆議院の修正（第八一三条第四号）をゴチック活字で織り込んだもの（これが貴族院議案となった）を、上欄所掲の条文との異同の明確化に資する方法で掲げる（二項以上から成る条文の各項の頭に付した①、②などは第一項、第二項などの区別を示す）。なお、下欄の「民法中修正案」には明治三一年六月四日付官報号外『第十二回帝国議会衆議院議事速記録』一二号二二六頁所載の「正誤」（正誤甲のうちの前述一八箇所分および正誤乙の内容をまとめたもの――以下「正誤記事」という）を織り込んだ（それぞれ注で説明するとおり。ちなみに東京大学出版会の帝国議会議事速記録復刻版シリーズ（これについては拙稿・本誌第一巻一六四頁で言及した）に収められている上記『衆議院議事速記録附録』の「民法中修正案」は、説明がないとはいえ、正誤記事を織り込んだものになっているのであるが、織り込みの不手際が多い――特に第八八七条第一項は前段末尾の九字と後段冒頭の七字との脱落のため意味不明の文章になっている――ほか、第一〇二八条第二項では正誤乙の内容の織り込み（五月二五日付官報号外一六頁への織り込み）が上掲の大岡育造の説明（六月三日付官報号外所載）を理解不能なものにしてしまったという結果も生じており――正誤記事そのものは抹消されていて調べる手掛かりはない――、研究資料としては残念ながら不適当なものになっている）。

行間の（1）、（2）などは、表のあとに一括して掲げる注の番号であり、注には、上欄につき印刷の誤りに関する説明を、下欄につき――さきに述べた正誤記事の織り込みに関する説明のほか――上記『衆議院議事速記録附録』の「民法中修正案」と政府提出冊子のそれとの差異、明治三一年六月四日付官報号外『第十二回帝国議会貴族院議事速記録』一二号一四六頁の「民法中修正案」の記載（第八一三条）と民法後二編を公布した明治三一年六月二一日付官報号外（以下「公布官報」という）の記載との差異その他の参考事項の説明をおこなう。なお、下欄の作成にあたって政府提出冊子を底本に用いなかったのは、公布官報にも存在する「（別冊）」という（注1を付した）記載が政府提出冊子には存在しないことを顧慮した結果である。

漢字の使用について附言するに、同一原典中に「姉妹」と「姊妹」との混用があったり、同一原典中で字体が統一されていても政府提出冊子で「尊屬」となっているものが官報号外で「尊屬」となっていたりするが、これらの不統一を再現することは無意味であり、本稿では右の例においてそれぞれ前者に統一する。

「民法中修正案」（後二編の分）対照表

第一一回帝国議会に提出された「民法中修正案」

（注）本法案は政府から提出された翌日の衆議院解散のため審議されなかった。

民法中修正案

民法第四編第五編別冊ノ通之ヲ定ム
此法律施行ノ期日ハ勅令ヲ以テ之ヲ定ム
明治二十三年法律第九十八號民法財産取得編人事編ハ此法律發布ノ日ヨリ之ヲ廢止ス

民法

第四編　親族

第一章　總則

第二章　戸主及ヒ家族

第一節　總則

第二節　戸主及ヒ家族ノ權利義務

第三節　戸主權ノ喪失

第三章　婚姻

第一二回帝国議会に提出された「民法中修正案」

（注）衆議院で一部修正（第八一三条に太字部分を挿入）のうえ可決されたものが貴族院に送付された。

民法中修正案

民法第四編第五編別冊ノ通之ヲ定ム
此法律施行ノ期日ハ勅令ヲ以テ之ヲ定ム
明治二十三年法律第九十八號民法財産取得編人事編ハ此法律發布ノ日ヨリ之ヲ廢止ス

（別冊）(1)

民法

第四編　親族

第一章　〔標題は上に同じ〕

第二章　〔標題および節分けは上に同じ〕

第三章　〔標題および節分け・款分けは上に同じ〕

第一節　婚姻ノ成立

第一款　婚姻ノ要件

第二款　婚姻ノ無效及ヒ取消

第二節　婚姻ノ效力

第三節　夫婦財產制

第一款　總則

第二款　法定財產制

第四節　離婚

第一款　協議上ノ離婚

第二款　裁判上ノ離婚

第四章　親子

第一節　實子

第一款　嫡出子

第二款　庶子及ヒ私生子

第二節　養子

第一款　緣組ノ要件

第二款　緣組ノ無效及ヒ取消

第三款　緣組ノ效力

第四款　離緣

第五章　親權

第一節　總則

第二節　親權ノ效力

第四章〔標題および節分け・款分けは上に同じ〕

第五章〔標題および節分けは上に同じ〕

第三節　親權ノ喪失
第六章　後見
第一節　後見ノ開始
第二節　後見ノ機關
第一款　後見人
第二款　後見監督人
第三節　後見ノ事務
第四節　後見ノ終了
第七章　親族會
第八章　扶養ノ義務
第五編　相續
第一章　家督相續
第一節　總則
第二節　家督相續人
第三節　家督相續ノ效力
第二章　遺產相續
第一節　總則
第二節　遺產相續人
第三節　遺產相續ノ效力
第一款　總則
第二款　相續分
第三款　遺產ノ分割

第六章〔標題および節分け・款分けは上に同じ〕
第七章〔標題は上に同じ〕
第八章〔標題は上に同じ〕
第五編　相續
第一章〔標題および節分けは上に同じ〕
第二章〔標題および節分け・款分けは上に同じ〕

第三章　相續ノ承認及ヒ抛棄
第一節　總則
第二節　承認
第一款　單純承認
第二款　限定承認
第三節　抛棄
第四章　財産ノ分離
第五章　相續人ノ曠缺
第六章　遺言
第一節　總則
第二節　遺言ノ方式
第一款　普通方式
第二款　特別方式
第三節　遺言ノ效力
第四節　遺言ノ執行
第五節　遺言ノ取消
第七章　遺留分

民法
第四編　親族
第一章　總則
第七百二十五條　左ニ掲ケタル者ハ之ヲ親族トス
一　六親等内ノ血族

第三章　〔標題および節分け・款分けは上に同じ〕
第四章　〔標題は上に同じ〕
第五章　〔標題は上に同じ〕
第六章　〔標題および節分け・款分けは上に同じ〕
第七章　〔標題は上に同じ〕

民法
第四編　親族
第一章　總則
第七百二十五條　〔上に同じ〕

二　配偶者
三　三親等内ノ姻族
第七百二十六條①親等ハ親族間ノ世數ヲ算シテ之ヲ定ム
②傍系親ノ親等ヲ定ムルニハ其一人又ハ其配偶者ヨリ同始祖ニ遡リ其始祖ヨリ他ノ一人ニ下ルマテノ世數ニ依ル
第七百二十七條　養子ト養親及ヒ其血族トノ間ニ於テハ養子縁組ノ日ヨリ血族間ニ於ケルト同一ノ親族關係ヲ生ス
第七百二十八條　繼父母ト繼子ト又嫡母ト庶子トノ間ニ於テハ親子間ニ於ケルト同一ノ親族關係ヲ生ス
第七百二十九條①姻族關係及ヒ前條ノ親族關係ハ離婚ニ因リテ止ム
②夫婦ノ一方カ死亡シタル場合ニ於テ生存配偶者カ其家ヲ去リタルトキ亦同シ
第七百三十條①養子ト養親及ヒ其血族トノ親族關係ハ離縁ニ因リテ止ム
②養親カ養家ヲ去リタルトキハ其者及ヒ其實方ノ血族ト養子トノ親族關係ハ之ニ因リテ止ム
③養子ノ配偶者、直系卑屬又ハ其配偶者カ養子ノ離縁ニ因リテ之ト共ニ養家ヲ去リタルトキハ其者ト養親及ヒ其血族トノ親族關係ハ之ニ因リテ止ム
第七百三十一條　第七百二十九條第二項及ヒ前條第二項ノ規定ハ本家相續、分家及ヒ廢絶家再興ノ場合ニハ之ヲ適

第七百二十六條　〔上に同じ〕
第七百二十七條　〔上に同じ〕
第七百二十八條　〔上に同じ〕
第七百二十九條　〔上に同じ〕
第七百三十條　〔上に同じ〕
第七百三十一條　〔上に同じ〕

用セス

第二章 戸主及ヒ家族

第一節 總則

第七百三十二條①戸主ノ親族ニシテ其家ニ在ル者及ヒ其配偶者ハ之ヲ家族トス

②戸主ノ變更アリタル場合ニ於テハ舊戸主及ヒ其家族ハ新戸主ノ家族トス

第七百三十三條①子ハ父ノ家ニ入ル

②父ノ知レサル子ハ母ノ家ニ入ル

③父母共ニ知レサル子ハ一家ヲ創立ス

第七百三十四條 父カ子ノ出生前ニ離縁又ハ離婚ニ因リテ其家ヲ去リタルトキハ前條第一項ノ規定ハ懷胎ノ始ニ遡リテ之ヲ適用ス但父母カ共ニ其家ヲ去リタルトキハ此限ニ在ラス

第七百三十五條①家族ノ庶子及ヒ私生子ハ戸主ノ同意アルニ非サレハ其家ニ入ルコトヲ得ス

②庶子カ父ノ家ニ入ルコトヲ得サルトキハ母ノ家ニ入ル

③私生子カ母ノ家ニ入ルコトヲ得サルトキハ一家ヲ創立ス

第七百三十六條 女戸主カ入夫婚姻ヲ爲シタルトキハ入夫ハ其家ノ戸主ト爲ル但當事者カ婚姻ノ當時反對ノ意思ヲ

第二章 戸主及ヒ家族

第一節 總則

第七百三十二條 〔上に同じ〕

第七百三十三條 〔上に同じ〕

第七百三十四條①父カ子ノ出生前ニ離婚又ハ離縁ニ因リテ其家ヲ去リタルトキハ前條第一項ノ規定ハ懷胎ノ始ニ遡リテ之ヲ適用ス

②前項ノ規定ハ父母カ共ニ其家ヲ去リタル場合ニハ之ヲ適用セス但母カ子ノ出生前ニ復籍ヲ爲シタルトキハ此限ニ在ラス

第七百三十五條 〔上に同じ〕

第七百三十六條 〔上に同じ〕[2]

表示シタルトキハ此限ニ在ラス
第七百三十七條　戸主ノ親族ニシテ他家ニ在ル者ハ戸主ノ同意ヲ得テ其家族ト爲ルコトヲ得但其者カ他家ノ家族タルトキハ其家ノ戸主ノ同意ヲ得ルコトヲ要ス
第七百三十八條①婚姻又ハ養子縁組ニ因リテ他家ニ入リタル者カ其配偶者又ハ養親ノ親族ニ非サル自己ノ親族ヲ婚家又ハ養家ノ家族ト爲サント欲スルトキハ前條ノ規定ニ依ル外其配偶者又ハ養親ノ同意ヲ得ルコトヲ要ス
②婚家又ハ養家ヲ去リタル者カ其家ニ在ル自己ノ直系卑屬ヲ自家ノ家族ト爲サント欲スルトキ亦同シ
第七百三十九條　婚姻又ハ養子縁組ニ因リテ他家ニ入リタル者ハ離婚又ハ離縁ノ場合ニ於テ實家ニ復籍ス
第七百四十條　前條ノ規定ニ依リテ實家ニ復籍スヘキ者カ實家ノ廢絶ニ因リテ復籍ヲ爲スコト能ハサルトキハ一家ヲ創立ス但實家ヲ再興スルコトヲ妨ケス
第七百四十一條①婚姻又ハ養子縁組ニ因リテ他家ニ入リタル者カ更ニ婚姻又ハ養子縁組ニ因リテ他家ニ入ラント欲スルトキハ婚家若クハ養家及ヒ實家ノ戸主ノ同意ヲ得ルコトヲ要ス
②前項ノ場合ニ於テ同意ヲ爲ササリシ戸主ハ婚姻又ハ養子

第七百三十七條①〔上に同じ（次項は新設）〕
②前項ニ掲ケタル者カ未成年者ナルトキハ親權ヲ行フ父若クハ母又ハ後見人ノ同意ヲ得ルコトヲ要ス
第七百三十八條　〔上に同じ〕
第七百三十九條　〔上に同じ〕
第七百四十條　〔上に同じ〕
第七百四十一條①婚姻又ハ養子縁組ニ因リテ他家ニ入リタル者カ更ニ婚姻又ハ養子縁組ニ因リテ他家ニ入ラント欲スルトキハ婚家又ハ養家及ヒ實家ノ戸主ノ同意ヲ得ルコトヲ要ス
②前項ノ場合ニ於テ同意ヲ爲ササリシ戸主ハ婚姻又ハ養子

縁組ノ日ヨリ一年内ニ豫メ復籍ヲ拒ムコトヲ得

第七百四十二條　離籍セラレタル家族ハ一家ヲ創立ス他家ニ入リタル後復籍ヲ拒マレタル者カ離婚又ハ離縁ニ因リテ其家ヲ去リタルトキ亦同シ

第七百四十三條　家族ハ戸主ノ同意アルトキハ他家ヲ相續シ、分家ヲ爲シ又ハ廢絶シタル本家、分家、同家其他親族ノ家ヲ再興スルコトヲ得但未成年者ハ親權ヲ行フ父若クハ母又ハ後見人ノ同意ヲ得ルコトヲ要ス

第七百四十四條①法定ノ推定家督相續人ハ他家ニ入リ又ハ一家ヲ創立スルコトヲ得ス但本家相續ノ必要アルトキハ此限ニ在ラス

②前項ノ規定ハ第七百五十條第二項ノ適用ヲ妨ケス

第七百四十五條　夫カ他家ニ入リ又ハ一家ヲ創立シタルトキハ妻ハ之ニ隨ヒテ其家ニ入ル

第二節　戸主及ヒ家族ノ權利義務

第七百四十六條　戸主及ヒ家族ハ其家ノ氏ヲ稱ス

第七百四十七條　戸主ハ其家族ニ對シテ扶養ノ義務ヲ負フ

第七百四十八條①家族カ自己ノ名ニ於テ得タル財産ハ其特有財産トス

②戸主又ハ家族ノ孰レニ屬スルカ判然セサル財産ハ戸主ノ財産ト推定ス

第七百四十九條①家族ハ戸主ノ意ニ反シテ其居所ヲ定ムル

縁組ノ日ヨリ一年内ニ復籍ヲ拒ムコトヲ得

第七百四十二條　〔上に同じ〕

第七百四十三條①〔上に同じ〕

第七百四十四條　〔上に同じ〕

第七百四十五條　〔上に同じ〕

第二節　戸主及ヒ家族ノ權利義務

第七百四十六條　〔上に同じ〕

第七百四十七條　〔上に同じ〕

第七百四十八條①〔上に同じ〕

②戸主又ハ家族ノ孰レニ屬スルカ分明ナラサル財産ハ戸主ノ財産ト推定ス

第七百四十九條　〔上に同じ〕

コトヲ得ス
②家族カ前項ノ規定ニ違反シテ戸主ノ指定シタル居所ニ在ラサル間ハ戸主ハ之ニ對シテ扶養ノ義務ヲ免ル
③前項ノ場合ニ於テ戸主ハ相當ノ期間ヲ定メ其指定シタル場所ニ居所ヲ轉スヘキ旨ヲ催告スルコトヲ得若シ家族カ其催告ニ應セサルトキハ戸主ハ之ヲ離籍スルコトヲ得但其家族カ未成年者ナルトキハ此限ニ在ラス

第七百五十條①家族カ婚姻又ハ養子縁組ヲ爲スニハ戸主ノ同意ヲ得ルコトヲ要ス
②家族カ前項ノ規定ニ違反シテ婚姻又ハ養子縁組ヲ爲シタルトキハ戸主ハ其婚姻又ハ養子縁組ノ日ヨリ一年内ニ離籍ヲ爲シ又ハ復籍ヲ拒ムコトヲ得
③家族カ養子ヲ爲シタル場合ニ於テ前項ノ規定ニ從ヒ離籍セラレタルトキハ其養子ハ養親ニ隨ヒテ其家ニ入ル

第七百五十一條　戸主カ其權利ヲ行フコト能ハサルトキハ親族會之ヲ行フ但戸主ニ對シテ親權ヲ行フ者又ハ其後見人アルトキハ此限ニ在ラス

第三節　戸主權ノ喪失

第七百五十二條　戸主ハ左ニ掲ケタル條件ノ具備スルニ非サレハ隱居ヲ爲スコトヲ得ス
一　滿六十年以上ナルコト
二　完全ノ能力ヲ有スル家督相續人カ相續ノ單純承認

第七百五十條　〔上に同じ〕

第七百五十一條　〔上に同じ〕

第三節　戸主權ノ喪失

第七百五十二條　〔上に同じ〕

ヲ為スコト

第七百五十三條 戸主カ疾病、本家ノ相續又ハ再興其他已ムコトヲ得サル事由ニ因リテ爾後家政ヲ執ルコト能ハサルニ至リタルトキハ前條ノ規定ニ拘ハラス裁判所ノ許可ヲ得テ隱居ヲ為スコトヲ得但法定ノ推定家督相續人アラサルトキハ豫メ家督相續人タルヘキ者ヲ定メ其承認ヲ得ルコトヲ要ス

第七百五十四條①戸主カ婚姻ニ因リテ他家ニ入ラント欲スルトキハ前條ノ規定ニ從ヒ隱居ヲ為スコトヲ得

②戸主カ隱居ヲ為サスシテ婚姻ニ因リ他家ニ入ラント欲スル場合ニ於テ戸籍吏カ其屆出ヲ受理シタルトキハ其戸主ハ婚姻ノ日ニ於テ隱居ヲ為シタルモノト看做ス

第七百五十五條①女戸主ハ年齡ニ拘ハラス隱居ヲ為スコトヲ得

②有夫ノ女戸主カ隱居ヲ為スニハ其夫ノ同意ヲ得ルコトヲ要ス但夫ハ正當ノ理由アルニ非サレハ其同意ヲ拒ムコトヲ得ス

第七百五十六條 隱居ハ隱居者及ヒ其家督相續人ヨリ之ヲ戸籍吏ニ屆出ツルニ因リテ其效力ヲ生ス

第七百五十七條①隱居者ノ親族及ヒ檢事ハ隱居屆出ノ日ヨ

第七百五十三條 〔上に同じ〕

第七百五十四條 〔上に同じ〕

第七百五十五條 〔上に同じ〕

第七百五十六條 無能力者カ隱居ヲ為スニハ其法定代理人ノ同意ヲ得ルコトヲ要セス

第七百五十七條 〔上に同じ〕

第七百五十八條 〔上に同じ〕

リ三个月内ニ第七百五十二條又ハ第七百五十三條ノ規定ニ違反シタル隱居ノ取消ヲ裁判所ニ請求スルコトヲ得
②女戸主カ第七百五十五條第二項ノ規定ニ違反シテ隱居ヲ爲シタルトキハ夫ハ前項ノ期間内ニ其取消ヲ裁判所ニ請求スルコトヲ得

第七百五十八條①隱居者又ハ家督相續人カ詐欺又ハ强迫ニ因リテ隱居ノ屆出ヲ爲シタルトキハ隱居者又ハ家督相續人ハ其詐欺ヲ發見シ又ハ强迫ヲ免レタル時ヨリ一年内ニ隱居ノ取消ヲ裁判所ニ請求スルコトヲ得但追認ヲ爲シタルトキハ此限ニ在ラス
②隱居者又ハ家督相續人カ詐欺ヲ發見セス又ハ强迫ヲ免レサル間ハ其親族又ハ檢事ヨリ隱居ノ取消ヲ請求スルコトヲ得但其請求ノ後隱居者又ハ家督相續人カ追認ヲ爲シタルトキハ取消權ハ之ニ因リテ消滅ス
③前二項ノ取消權ハ隱居屆出ノ日ヨリ十年ヲ經過シタルトキハ時效ニ因リテ消滅ス

第七百五十九條①隱居ノ取消前ニ家督相續人ノ債權者ト爲リタル者ハ其取消ニ因リテ戸主タル者ニ對シテ辨濟ノ請求ヲ爲スコトヲ得但家督相續人ニ對スル請求ヲ妨ケス
②債權者カ債權取得ノ當時隱居取消ノ原因ノ存スルコトヲ知リタルトキハ家督相續人ニ對シテノミ辨濟ノ請求ヲ爲スコトヲ得家督相續人カ家督相續前ヨリ負擔セル債務及

第七百五十九條 〔上に同じ〕

第七百六十條 〔上に同じ〕

ヒ其一身ニ專屬スル債務ニ付キ亦同シ

第七百六十條　隱居又ハ入夫婚姻ニ因ル戸主權ノ喪失ハ前戸主又ハ家督相續人ヨリ前戸主ノ債權者及ヒ債務者ニ其通知ヲ爲スニ非サレハ之ヲ以テ其債權者及ヒ債務者ニ對抗スルコトヲ得ス

第七百六十一條①新ニ家ヲ立テタル者ハ其家ヲ廢シテ他家ニ入ルコトヲ得

②家督相續ニ因リテ戸主ト爲リタル者ハ其家ヲ廢スルコトヲ得ス但本家ノ相續又ハ再興其他正當ノ事由ニ因リ裁判所ノ許可ヲ得タルトキハ此限ニ在ラス

第七百六十二條　戸主カ適法ニ廢家シテ他家ニ入リタルトキハ其家族モ亦其家ニ入ル

第七百六十三條①戸主ヲ失ヒタル家ニ家督相續人ナキトキハ絶家シタルモノトシ其家族ハ各一家ヲ創立ス但子ハ父ニ隨ヒ又父ノ知レサルトキ、他家ニ在ルトキ若クハ死亡シタルトキハ母ニ隨ヒテ其家ニ入ル

②前項ノ規定ハ第七百四十五條ノ適用ヲ妨ケス

第三章　婚姻

第一節　婚姻ノ成立

第一款　婚姻ノ要件

第七百六十四條　男ハ滿十七年女ハ滿十五年ニ至ラサレハ婚姻ヲ爲スコトヲ得ス

第七百六十一條　〔上に同じ〕

第七百六十二條　〔上に同じ〕

第七百六十三條　〔上に同じ〕

第七百六十四條①戸主ヲ失ヒタル家ニ家督相續人ナキトキハ絶家シタルモノトシ其家族ハ各一家ヲ創立ス但子ハ父ニ隨ヒ又父カ[3]知レサルトキ、他家ニ在ルトキ若クハ死亡シタルトキハ母ニ隨ヒテ其家ニ入ル

②〔上に同じ〕

第三章　婚姻

第一節　婚姻ノ成立

第一款　婚姻ノ要件

第七百六十五條　〔上に同じ〕

第七百六十五條　配偶者アル者ハ重ネテ婚姻ヲ爲スコトヲ得ス

第七百六十六條①女ハ前婚ノ解消又ハ取消ノ日ヨリ六个月ヲ經過シタル後ニ非サレハ再婚ヲ爲スコトヲ得ス

②女カ前婚ノ解消又ハ取消ノ前ヨリ懐胎セシ場合ニ於テハ其分娩ノ日ヨリ前項ノ規定ヲ適用セス

第七百六十七條　姦通ニ因リテ離婚又ハ刑ノ宣告ヲ受ケタル者ハ相姦者ト婚姻ヲ爲スコトヲ得ス

第七百六十八條①直系ノ血族間ニ於テハ婚姻ヲ爲スコトヲ得ス

②傍系ノ三親等内亦同シ但養子ト養親ノ親族トノ間ハ此限ニ在ラス

第七百六十九條　直系ノ姻族間ニ於テハ婚姻ヲ爲スコトヲ得ス第七百二十九條ノ規定ニ依リ姻族關係カ止ミタル後亦同シ

第七百七十條　養子、其配偶者、直系卑屬又ハ其配偶者ト養親又ハ其直系尊屬トノ間ニ於テハ第七百三十條ノ規定ニ依リ親族關係カ止ミタル後ト雖モ婚姻ヲ爲スコトヲ得ス

第七百七十一條①子カ婚姻ヲ爲スニハ其家ニ在ル父母ノ同意ヲ得ルコトヲ要ス但男ハ滿三十年女ハ滿二十五年ニ達シタル後ハ此限ニ在ラス

第七百六十六條〔上に同じ〕

第七百六十七條①〔上に同じ〕

②女カ前婚ノ解消又ハ取消ノ前ヨリ懐胎シタル場合ニ於テハ其分娩ノ日ヨリ前項ノ規定ヲ適用セス

第七百六十八條〔上に同じ〕

第七百六十九條　直系血族又ハ三親等内ノ傍系血族ノ間ニ於テハ婚姻ヲ爲スコトヲ得ス但養子ト養方ノ傍系血族トノ間ハ此限ニ在ラス

第七百七十條　直系姻族ノ間ニ於テハ婚姻ヲ爲スコトヲ得ス第七百二十九條ノ規定ニ依リ姻族關係カ止ミタル後亦同シ

第七百七十一條　〔上に同じ〕

第七百七十二條①子カ婚姻ヲ爲スニハ其家ニ在ル父母ノ同意ヲ得ルコトヲ要ス但男カ滿三十年女カ滿二十五年ニ達シタル後ハ此限ニ在ラス

②父母ノ一方カ知レサルトキ、死亡シタルトキ、家ヲ去リタルトキ又ハ其意思ヲ表示スルコト能ハサルトキハ他ノ一方ノ同意ノミヲ以テ足ル

③父母共ニ知レサルトキ、死亡シタルトキ、家ヲ去リタルトキ又ハ其意思ヲ表示スルコト能ハサルトキハ未成年者ハ其後見人及ヒ親族會ノ同意ヲ得ルコトヲ要ス

第七百七十二條　繼父母又ハ嫡母カ子ノ婚姻ニ同意セサルトキハ子ハ親族會ノ同意ヲ得テ婚姻ヲ爲スコトヲ得

第七百七十三條　禁治産者カ婚姻ヲ爲スニハ其後見人ノ同意ヲ得ルコトヲ要セス

第七百七十四條①婚姻ハ之ヲ戸籍吏ニ届出ツルニ因リテ其效力ヲ生ス

②前項ノ届出ハ當事者雙方及ヒ成年ノ證人二人以上ヨリ口頭ニテ又ハ署名シタル書面ヲ以テ之ヲ爲スコトヲ要ス

第七百七十五條　戸籍吏ハ婚姻カ第七百四十一條第一項、第七百四十四條、第七百五十条第一項、第七百五十四條第一項、第七百六十四條乃至第七百七十二條及ヒ前條第二項ノ規定其他ノ法令ニ違反セサルコトヲ認メタル後ニ非サレハ其届出ヲ受理スルコトヲ得ス但婚姻カ第七百四十一條第一項又ハ第七百五十條第一項ノ規定ニ違反スル場合ニ於テ戸籍吏カ注意ヲ爲シタルニ拘ハラス當事者カ其届出ヲ爲サント欲スルトキハ此限ニ在ラス

---

②〔上に同じ〕

③〔上に同じ〕

第七百七十三條　〔上に同じ〕

第七百七十四條　〔上に同じ〕

第七百七十五條　〔上に同じ〕

第七百七十六條　戸籍吏ハ婚姻カ第七百四十一條第一項、第七百四十四條第一項、第七百五十条第一項、第七百五十四條第一項、第七百六十五條乃至第七百七十三條及ヒ前條第二項ノ規定其他ノ法令ニ違反セサルコトヲ認メタル後ニ非サレハ其届出ヲ受理スルコトヲ得ス但婚姻カ第七百四十一條第一項又ハ第七百五十條第一項ノ規定ニ違反スル場合ニ於テ戸籍吏カ注意ヲ爲シタルニ拘ハラス當事者カ其届出ヲ爲サント欲スルトキハ此限ニ在ラス

第七百七十六條　外國ニ在ル日本人間ニ於テ婚姻ヲ爲サント欲スルトキハ其國ニ駐在スル日本ノ公使又ハ領事ニ其届出ヲ爲スコトヲ得此場合ニ於テハ前二条ノ規定ヲ準用ス

第二款　婚姻ノ無效及ヒ取消

第七百七十七條　婚姻ハ左ノ場合ニ限リ無效トス

一　人違其他ノ事由ニ因リ當事者間ニ婚姻ヲ爲ス意思ナキトキ

二　當事者カ婚姻ノ届出ヲ爲サヽルトキ但其届出カ第七百七十四條第二項ニ掲ケタル條件ヲ缺クニ止マルトキハ婚姻ハ之カ爲メニ其效力ヲ妨ケラルルコトナシ

第七百七十八條　婚姻ハ後七條ノ規定ニ依ルニ非サレハ之ヲ取消スコトヲ得ス

第七百七十九條①第七百六十四條乃至第七百七十條ノ規定ニ違反シタル婚姻ハ各當事者、其戸主、親族又ハ檢事ヨリ其取消ヲ裁判所ニ請求スルコトヲ得但檢事ハ當事者ノ一方カ死亡シタル後ハ之ヲ請求スルコトヲ得ス

②第七百六十五條乃至第七百六十七條ノ規定ニ違反シタル婚姻ニ付テハ當事者ノ配偶者又ハ前配偶者モ亦其取消ヲ請求スルコトヲ得

第七百八十條①第七百六十四條ノ規定ニ違反シタル婚姻ハ

第七百七十七條　〔上に同じ〕

第二款　婚姻ノ無效及ヒ取消

第七百七十八條　婚姻ハ左ノ場合ニ限リ無效トス

一　〔上に同じ〕

二　當事者カ婚姻ノ届出ヲ爲サヽルトキ但其届出カ第七百七十五條第二項ニ掲ケタル條件ヲ缺クニ止マルトキハ婚姻ハ之カ爲メニ其效力ヲ妨ケラルルコトナシ

第七百七十九條　〔上に同じ〕

第七百八十條①第七百六十五條乃至第七百七十一條ノ規定ニ違反シタル婚姻ハ各當事者、其戸主、親族又ハ檢事ヨリ其取消ヲ裁判所ニ請求スルコトヲ得但檢事ハ當事者ノ一方カ死亡シタル後ハ之ヲ請求スルコトヲ得ス

②第七百六十六條乃至第七百六十八條ノ規定ニ違反シタル婚姻ニ付テハ當事者ノ配偶者又ハ前配偶者モ亦其取消ヲ請求スルコトヲ得

第七百八十一條①第七百六十五條ノ規定ニ違反シタル婚姻

不適齢者カ適齢ニ達シタルトキハ其取消ヲ請求スルコトヲ得ス
②不適齢者ハ適齢ニ達シタル後尚ホ三个月間其婚姻ノ取消ヲ請求スルコトヲ得但適齢ニ達シタル後追認ヲ爲シタルトキハ此限ニ在ラス
第七百八十一條　第七百六十六條ノ規定ニ違反シタル婚姻ハ前婚ノ解消又ハ取消ノ日ヨリ六个月ヲ經過シ又ハ女カ再婚後懷胎シタルトキハ其取消ヲ請求スルコトヲ得ス
第七百八十二條　第七百七十一條ノ規定ニ違反シタル婚姻ハ同意ヲ爲ス權利ヲ有セシ者ヨリ其取消ヲ裁判所ニ請求スルコトヲ得同意カ詐欺又ハ强迫ニ因リタルトキ亦同シ
第七百八十三條　前條ノ取消權ハ左ノ場合ニ於テ消滅ス
一　同意ヲ爲ス權利ヲ有セシ者カ婚姻アリタルコトヲ知リタル後又ハ詐欺ヲ發見シ若クハ强迫ヲ免レタル後六个月ヲ經過シタルトキ
二　同意ヲ爲ス權利ヲ有セシ者カ追認ヲ爲シタルトキ
三　婚姻屆出ノ日ヨリ二年ヲ經過シタルトキ
第七百八十四條①詐欺又ハ强迫ニ因リテ婚姻ヲ爲シタル者ハ其婚姻ノ取消ヲ裁判所ニ請求スルコトヲ得
②前項ノ取消權ハ當事者カ詐欺ヲ發見シ若クハ强迫ヲ免レタル後三个月ヲ經過シ又ハ追認ヲ爲スニ因リテ消滅ス
第七百八十五條①壻養子緣組ノ場合ニ於テハ各當事者ハ緣

ハ不適齢者カ適齢ニ達シタルトキハ其取消ヲ請求スルコトヲ得ス
②〔上に同じ〕
第七百八十二條　第七百六十七條ノ規定ニ違反シタル婚姻ハ前婚ノ解消若クハ(4)取消ノ日ヨリ六个月ヲ經過シ又ハ女カ再婚後懷胎シタルトキハ其取消ヲ請求スルコトヲ得ス
第七百八十三條　第七百七十二條ノ規定ニ違反シタル婚姻ハ同意ヲ爲ス權利ヲ有セシ者ヨリ其取消ヲ裁判所ニ請求スルコトヲ得同意カ詐欺又ハ强迫ニ因リタルトキ亦同シ
第七百八十四條〔上に同じ〕
第七百八十五條①〔上に同じ〕
②前項ノ取消權ハ當事者カ詐欺ヲ發見シ若クハ强迫ヲ免レタル後三个月ヲ經過シ又ハ追認ヲ爲シタルトキハ消滅ス
第七百八十六條〔上に同じ〕

組ノ無效又ハ取消ヲ理由トシテ婚姻ノ取消ヲ裁判所ニ請求スルコトヲ得但縁組ノ無效又ハ取消ノ請求ニ附帶シテ婚姻ノ取消ヲ請求スルコトヲ妨ケス

②前項ノ取消權ハ當事者カ緣組ノ無效ナルコト又ハ其取消アリタルコトヲ知リタル後三个月ヲ經過シ又ハ其取消權ヲ拋棄シタルトキハ消滅ス

第七百八十六條①婚姻ノ取消ハ其效力ヲ既往ニ及ホサス

②婚姻ノ當時其取消ノ原因ノ存スルコトヲ知ラサリシ當事者カ婚姻ニ因リテ財產ヲ得タルトキハ現ニ利益ヲ受クル限度ニ於テ其返還ヲ爲スコトヲ要ス

③婚姻ノ當時其取消ノ原因ノ存スルコトヲ知リタル當事者ハ婚姻ニ因リテ得タル利益ノ全部ヲ返還スルコトヲ要ス尙ホ相手方カ善意ナリシトキハ之ニ對シテ損害賠償ノ責ニ任ス

第二節　婚姻ノ效力

第七百八十七條①妻ハ婚姻ニ因リテ夫ノ家ニ入ル

②入夫及ヒ壻養子ハ妻ノ家ニ入ル

第七百八十八條①妻ハ夫ト同居スル義務ヲ負フ

②夫ハ妻ヲシテ同居ヲ為サシムルコトヲ要ス

第七百八十九條　夫婦ハ互ニ扶養ヲ爲ス義務ヲ負フ

第七百九十條　妻カ未成年者ナルトキハ成年ノ夫ハ其後見人ノ職務ヲ行フ

第七百八十七條　〔上に同じ〕

第二節　婚姻ノ效力

第七百八十八條　〔上に同じ〕

第七百八十九條　〔上に同じ〕

第七百九十條　〔上に同じ〕

第七百九十一條　〔上に同じ〕

第七百九十一條　夫婦間ニ於テ契約ヲ爲シタルトキハ其契約ハ婚姻中何時ニテモ夫婦ノ一方ヨリ之ヲ取消スコトヲ得但第三者ノ權利ヲ害スルコトヲ得ス

第三節　夫婦財産制

第一款　總則

第七百九十二條　夫婦カ婚姻ノ届出前ニ其財産ニ付キ別段ノ契約ヲ爲ササリシトキハ其財産關係ハ次款ニ定ムル所ニ依ル

第七百九十三條　夫婦カ法定財産制ニ異ナリタル契約ヲ爲シタルトキハ婚姻ノ届出マテニ其登記ヲ爲スニ非サレハ之ヲ以テ夫婦ノ承繼人及ヒ第三者ニ對抗スルコトヲ得ス

第七百九十四條　外國人カ夫ノ本國ノ法定財産制ニ異ナリタル契約ヲ爲シタル場合ニ於テ婚姻ノ後日本ノ國籍ヲ取得シ又ハ日本ニ住所ヲ定メタルトキハ一年内ニ其契約ヲ登記スルニ非サレハ日本ニ於テハ之ヲ以テ夫婦ノ承繼人及ヒ第三者ニ對抗スルコトヲ得ス

第七百九十五條①夫婦ノ財産關係ハ婚姻届出後ニ之ヲ變更スルコトヲ得ス

②夫婦ノ一方カ他ノ一方ノ財産ヲ管理スル場合ニ於テ管理ノ失當ニ因リ其財産ヲ危クシタルトキハ他ノ一方ハ自ラ其管理ヲ爲サンコトヲ裁判所ニ請求スルコトヲ得

③共有財産ニ付テハ前項ノ請求ト共ニ其分割ヲ請求スルコ

第七百九十二條　〔上に同じ〕

第三節　夫婦財産制

第一款　總則

第七百九十三條　〔上に同じ〕

第七百九十四條　〔上に同じ〕

第七百九十五條　〔上に同じ〕

第七百九十六條①夫婦ノ財産關係ハ婚姻届出ノ後ハ之ヲ變更スルコトヲ得ス

②　〔上に同じ〕

③　〔上に同じ〕

トヲ得

第七百九十六條　前條ノ規定又ハ契約ノ結果ニ依リ管理者ヲ變更シ又ハ共有財産ノ分割ヲ爲シタルトキハ其登記ヲ爲スニ非サレハ之ヲ以テ夫婦ノ承繼人及ヒ第三者ニ對抗スルコトヲ得ス

第二款　法定財産制

第七百九十七條①夫ハ婚姻ヨリ生スル一切ノ費用ヲ負擔ス但妻カ戸主タルトキハ妻之ヲ負擔ス

②前項ノ規定ハ第七百八十九條及ヒ第八章ノ規定ノ適用ヲ妨ケス

第七百九十八條①夫又ハ女戸主ハ用方ニ從ヒ其配偶者ノ財産ノ使用及ヒ收益ヲ爲ス權利ヲ有ス

②夫又ハ女戸主ハ其配偶者ノ財産ノ果實中ヨリ其債務ノ利息ヲ拂フコトヲ要ス

第七百九十九條　第五百九十五條及ヒ第五百九十八條ノ規定ハ前條ノ場合ニ之ヲ準用ス

第八百條①夫ハ妻ノ財産ヲ管理ス

②夫カ妻ノ財産ヲ管理スルコト能ハサルトキハ妻自ラ之ヲ管理ス

第八百一條　夫カ妻ノ爲メニ借財ヲ爲シ、妻ノ財産ヲ讓渡シ、之ヲ擔保ニ供シ又ハ第六百二條ノ期間ヲ超エテ其賃貸ヲ爲スニハ妻ノ承諾ヲ得ルコトヲ要ス但管理ノ目的ヲ

第七百九十七條　〔上に同じ〕

第二款　法定財産制

第七百九十八條①〔上に同じ〕

②前項ノ規定ハ第七百九十條及ヒ第八章ノ規定ノ適用ヲ妨ケス

第七百九十九條　〔上に同じ〕

第八百條　〔上に同じ〕

第八百一條　〔上に同じ〕

第八百二條　〔上に同じ〕

以テ果實ヲ處分スルハ此限ニ在ラス
第八百二條　夫カ妻ノ財産ヲ管理スル場合ニ於テ必要アリト認ムルトキハ裁判所ハ妻ノ請求ニ因リ夫ヲシテ其財産ノ管理及ヒ返還ニ付キ相當ノ擔保ヲ供セシムルコトヲ得
第八百三條①日常ノ家事ニ付テハ妻ハ夫ノ代理人ト見做ス
②夫ハ前項ノ代理權ノ全部又ハ一部ヲ否認スルコトヲ得但之ヲ以テ善意ノ第三者ニ對抗スルコトヲ得ス
第八百四條　夫カ妻ノ財産ヲ管理シ又ハ妻カ夫ノ代理ヲ爲ス場合ニ於テハ自己ノ爲メニスルト同一ノ注意ヲ爲スコトヲ要ス
第八百五條　第六百五十四條及ヒ第六百五十五條ノ規定ハ夫カ妻ノ財産ヲ管理シ又ハ妻カ夫ノ代理ヲ爲ス場合ニ之ヲ準用ス
第八百六條①妻又ハ入夫カ婚姻前ヨリ有セル財産及ヒ婚姻中自己ノ名ニ於テ得タル財産ハ其特有財産トス
②夫婦ノ孰レニ屬スルカ判然セサル財産ハ夫又ハ女戸主ノ財産ト推定ス

第四節　離婚

第一款　協議上ノ離婚

第八百七條　夫婦ハ其協議ヲ以テ離婚ヲ爲スコトヲ得
第八百八條　滿二十五年ニ達セサル者カ協議上ノ離婚ヲ爲スニハ第七百七十一條及ヒ第七百七十二條ノ規定ニ依リ

第八百三條　〔上に同じ〕
第八百四條　〔上に同じ〕
第八百五條　〔上に同じ〕
第八百六條　〔上に同じ〕
第八百七條①〔上に同じ〕
②夫婦ノ孰レニ屬スルカ分明ナラサル財産ハ夫又ハ女戸主ノ財産ト推定ス

第四節　離婚

第一款　協議上ノ離婚

第八百八條　〔上に同じ〕
第八百九條　滿二十五年ニ達セサル者カ協議上ノ離婚ヲ爲スニハ第七百七十二條及ヒ第七百七十三條ノ規定ニ依リ

其婚姻ニ付キ同意ヲ爲ス權利ヲ有スル者ノ同意ヲ得ルコトヲ要ス

第八百九條　第七百七十三條及ヒ第七百七十四條ノ規定ハ協議上ノ離婚ニ之ヲ準用ス

第八百十條①戸籍吏ハ離婚カ第七百七十四條第二項及ヒ第八百八條ノ規定其他ノ法令ニ違反セサルコトヲ認メタル後ニ非サレハ其届出ヲ受理スルコトヲ得ス

②戸籍吏カ前項ノ規定ニ違反シテ届出ヲ受理シタルトキト雖モ離婚ハ之カ爲メニ其效力ヲ妨ケラルルコトナシ

第八百十一條①協議上ノ離婚ヲ爲シタル者カ其協議ヲ以テ子ノ監護ヲ爲スヘキ者ヲ定メサリシトキハ其監護ハ父ニ屬ス

②父カ離婚ニ因リテ婚家ヲ去リタル場合ニ於テハ子ノ監護ハ母ニ屬ス

③前二項ノ規定ハ監護ノ範圍外ニ於テ父母ノ權利義務ニ變更ヲ生スルコトナシ

第二款　裁判上ノ離婚

第八百十二條　夫婦ノ一方ハ左ノ場合ニ限リ離婚ノ訴ヲ提起スルコトヲ得

一　配偶者カ重婚ヲ爲シタルトキ

二　妻カ姦通ヲ爲シタルトキ

三　夫カ姦淫罪ニ因リテ刑ニ處セラレタルトキ

其婚姻ニ付キ同意ヲ爲ス權利ヲ有スル者ノ同意ヲ得ルコトヲ要ス

第八百十條　第七百七十四條及ヒ第七百七十五條ノ規定ハ協議上ノ離婚ニ之ヲ準用ス

第八百十一條①戸籍吏ハ離婚カ第七百七十五條第二項及ヒ第八百九條ノ規定其他ノ法令ニ違反セサルコトヲ認メタル後ニ非サレハ其届出ヲ受理スルコトヲ得ス

②〔上に同じ〕

第八百十二條〔上に同じ〕

第二款　裁判上ノ離婚

第八百十三條　夫婦ノ一方ハ左ノ場合ニ限リ離婚ノ訴ヲ提起スルコトヲ得

一〔上に同じ〕

二〔上に同じ〕

三〔上に同じ〕

四　配偶者カ重禁錮三年以上ノ刑ニ處セラレタルトキ

五　配偶者ヨリ同居ニ堪ヘサル虐待又ハ重大ナル侮辱ヲ受ケタルトキ

六　配偶者ヨリ悪意ヲ以テ遺棄セラレタルトキ

七　配偶者ノ直系尊屬ヨリ虐待又ハ重大ナル侮辱ヲ受ケタルトキ

八　配偶者カ自己ノ直系尊屬ニ對シテ虐待ヲ爲シ又ハ之ニ重大ナル侮辱ヲ加ヘタルトキ

九　配偶者ノ生死カ三年以上分明ナラサルトキ

十　壻養子縁組ノ場合ニ於テ離縁アリタルトキ又ハ養子カ家女ト婚姻ヲ爲シタル場合ニ於テ離縁若クハ縁組ノ取消アリタルトキ

第八百十三条①前條第一號乃至第四號ノ場合ニ於テ夫婦ノ一方カ他ノ一方ノ行爲ニ同意シタルトキハ離婚ノ訴ヲ提起スルコトヲ得ス

②前條第一號乃至第七號ノ場合ニ於テ夫婦ノ一方カ他ノ一方又ハ其直系尊屬ノ行爲ヲ宥恕シタルトキ亦同シ

第八百十四條　第八百十二條第四號ニ掲ケタル處刑ノ宣告

四　配偶者カ僞造、賄賂、猥褻、竊盗、强盗、詐欺取財、受寄財物費消、贓物ニ關スル罪若クハ刑法第百七十五條第二百六十條ニ掲ケタル罪[5]ニ因リテ輕罪以上ノ刑ニ處セラレ又ハ其ノ他ノ罪ニ因リテ重禁錮三年以上ノ刑ニ處セラレタルトキ

五　（上に同じ）

六　（上に同じ）

七　（上に同じ）

八　（上に同じ）

九　（上に同じ）

十　（上に同じ）

第八百十四条（上に同じ）

第八百十五條　第八百十三條第四號ニ掲ケタル處刑ノ宣告

ヲ受ケタル者ハ其配偶者ノ處刑ヲ理由トシテ離婚ノ訴ヲ提起スルコトヲ得ス

第八百十五條　第八百十三條第一號乃至第八號ノ事由ニ因ル離婚ノ訴ハ之ヲ提起スル權利ヲ有スル者カ離婚ノ原因タル事實ヲ知リタル時ヨリ一年ヲ經過シタル後ハ之ヲ提起スルコトヲ得ス其事實發生ノ時ヨリ十年ヲ經過シタル後亦同シ

第八百十六條①第八百十二條第十號ノ場合ニ於テ離縁又ハ縁組取消ノ請求アリタルトキハ之ニ附帶シテ離婚ノ請求ヲ爲スコトヲ得

②第八百十二條第十號ノ事由ニ因ル離婚ノ訴ハ當事者カ離縁又ハ縁組ノ取消アリタルコトヲ知リタル後三个月ヲ經過シ又ハ離婚請求ノ權利ヲ拋棄シタルトキハ之ヲ提起スルコトヲ得ス

第八百十七條　第八百十一條ノ規定ハ裁判上ノ離婚ニ之ヲ準用ス但裁判所ハ子ノ利益ノ爲メ其監護ニ付キ之ニ異ナリタル處分ヲ命スルコトヲ得

第四章　親子

第一節　實子

ヲ受ケタル者ハ其配偶者ニ同一ノ事由アルコトヲ理由トシテ離婚ノ訴ヲ提起スルコトヲ得ス

第八百十六條　第八百十三條第一號乃至第八號ノ事由ニ因ル離婚ノ訴ハ之ヲ提起スル權利ヲ有スル者カ離婚ノ原因タル事實ヲ知リタル時ヨリ一年ヲ經過シタル後ハ之ヲ提起スルコトヲ得ス其事實發生ノ時ヨリ十年ヲ經過シタル後亦同シ

第八百十七條　第八百十三條第九號ノ事由ニ因ル離婚ノ訴ハ配偶者ノ生死カ分明ト爲リタル後ハ之ヲ提起スルコトヲ得ス

第八百十八條①第八百十三條第十號ノ場合ニ於テ離縁又ハ縁組取消ノ請求アリタルトキハ之ニ附帶シテ離婚ノ請求ヲ爲スコトヲ得

②第八百十三條第十號ノ事由ニ因ル離婚ノ訴ハ當事者カ離縁又ハ縁組ノ取消アリタルコトヲ知リタル後三个月ヲ經過シ又ハ離婚請求ノ權利ヲ拋棄シタルトキハ之ヲ提起スルコトヲ得ス

第八百十九條　第八百十二條ノ規定ハ裁判上ノ離婚ニ之ヲ準用ス但裁判所ハ子ノ利益ノ爲メ其監護ニ付キ之ニ異ナリタル處分ヲ命スルコトヲ得

第四章　親子

第一節　實子

第一款　嫡出子

第八百十八條①妻カ婚姻中ニ懐胎シタル子ハ夫ノ子ト推定ス

②婚姻成立ノ日ヨリ二百日後又ハ婚姻ノ解消若クハ取消ノ日ヨリ三百日内ニ生(6)レタル子ハ婚姻中ニ懐胎シタルモノト推定ス

第八百十九條　第七百六十六條第一項ノ規定ニ違反シテ再婚ヲ為シタル女カ分娩シタル場合ニ於テ前條ノ規定ニ依リ其子ノ父ヲ定ムルコト能ハサルトキハ裁判所之ヲ定ム

第八百二十條　第八百十八條ノ場合ニ於テ夫ハ子ノ嫡出ナルコトヲ否認スルコトヲ得

第八百二十一條　前條ノ否認權ハ子又ハ其法定代理人ニ對スル訴ニ依リテ之ヲ行フ但夫カ子ノ法定代理人ナルトキハ裁判所ハ特別代理人ヲ選任スルコトヲ要ス

第八百二十二條　夫カ子ノ出生後ニ於テ其嫡出ナルコトヲ承認シタルトキハ其否認權ヲ失フ

第八百二十三條　否認ノ訴ハ夫カ子ノ出生ヲ知リタル時ヨリ一年内ニ之ヲ提起スルコトヲ要ス

第八百二十四條①夫カ未成年者ナルトキハ前條ノ期間ハ其成年ニ達シタル時ヨリ之ヲ起算ス但夫カ成年ニ達シタル後ニ子ノ出生ヲ知リタルトキハ此限ニ在ラス

第一款　嫡出子

第八百二十條〔上に同じ〕(6)

第八百二十一條　第七百六十七條第一項ノ規定ニ違反シテ再婚ヲ為シタル女カ分娩シタル場合ニ於テ前條ノ規定ニ依リ其子ノ父ヲ定ムルコト能ハサルトキハ裁判所之ヲ定ム

第八百二十二條　第八百二十條ノ場合ニ於テ夫ハ子ノ嫡出ナルコトヲ否認スルコトヲ得

第八百二十三條〔上に同じ〕

第八百二十四條〔上に同じ〕

第八百二十五條〔上に同じ〕

第八百二十六條①〔上に同じ〕

②夫カ禁治産者ナルトキハ前條ノ期間ハ其後見人カ子ノ出生ヲ知リタル時又ハ禁治産ノ取消アリタル後夫カ子ノ出生ヲ知リタル時ヨリ之ヲ起算ス

第二款　庶子及ヒ私生子

第八百二十五條①私生子ハ其父又ハ母ニ於テ之ヲ認知スルコトヲ得

②父カ認知シタル私生子ハ之ヲ庶子トス

第八百二十六條　私生子ノ認知ヲ爲スニハ父又ハ母カ無能力者ナルトキト雖モ其法定代理人ノ同意ヲ得ルコトヲ要セス

第八百二十七條①私生子ノ認知ハ戸籍吏ニ屆出ツルニ依リテ之ヲ爲ス

②認知ハ遺言ニ依リテモ亦之ヲ爲スコトヲ得

第八百二十八條　成年ノ私生子ハ其承諾アルニ非サレハ之ヲ認知スルコトヲ得ス

第八百二十九條①父ハ胎内ニ在ル子ト雖モ之ヲ認知スルコトヲ得此場合ニ於テハ母ノ承諾ヲ得ルコトヲ要ス

②父又ハ母ハ死亡シタル子ト雖モ其直系卑屬アルトキハ之ヲ認知スルコトヲ得但其直系卑屬カ成年ニ達シタル場合ニ於テハ前條ノ規定ヲ準用ス

第八百三十條　認知ハ出生ノ時ニ遡リテ其效力ヲ生ス但第三者カ既ニ取得シタル權利ヲ害スルコトヲ得ス

②夫カ禁治産者ナルトキハ前條ノ期間ハ禁治産ノ取消アリタル後夫カ子ノ出生ヲ知リタル時ヨリ之ヲ起算ス

第二款　庶子及ヒ私生子

第八百二十七條　〔上に同じ〕

第八百二十八條　〔上に同じ〕

第八百二十九條　〔上に同じ〕

第八百三十條　〔上に同じ〕

第八百三十一條①〔上に同じ〕

②父又ハ母ハ死亡シタル子ト雖モ其直系卑屬アルトキニ限リ之ヲ認知スルコトヲ得此場合ニ於テ其直系卑屬カ成年者ナルトキハ其承諾ヲ得ルコトヲ要ス

第八百三十二條　〔上に同じ〕

第八百三十一條　認知ハ之ヲ取消スコトヲ得ス

第八百三十二條　子其他ノ利害關係人ハ認知ニ對シテ反對ノ事實ヲ主張スルコトヲ得

第八百三十三條　子、其直系卑屬又ハ此等ノ者ノ法定代理人ハ父又ハ母ニ對シテ認知ヲ求ムルコトヲ得

第八百三十四條①庶子ハ之ヲ認知シタル父母ノ婚姻ニ因リテ嫡出子タル身分ヲ取得ス

②婚姻中父母カ認知シタル私生子ハ其認知ノ時ヨリ嫡出子タル身分ヲ取得ス

③前二項ノ規定ハ子カ既ニ死亡シタル場合ニ之ヲ準用ス

第二節　養子

第一款　縁組ノ要件

第八百三十五條　成年ニ達シタル者ハ養子ヲ爲スコトヲ得

第八百三十六條　尊屬又ハ年長者ハ之ヲ養子ト爲スコトヲ得ス

第八百三十七條　法定ノ推定家督相續人タル男子アル者ハ男子ヲ養子ト爲スコトヲ得ス但女壻ト爲ス爲メニスル場合ハ此限ニ在ラス

第八百三十八條　後見人ハ其管理ノ計算ヲ終ハラサル間ハ被後見人ヲ養子ト爲スコトヲ得ス但遺言ヲ以テスルハ此限ニ在ラス

第八百三十三條　認知ヲ爲シタル父又ハ母ハ其認知ヲ取消スコトヲ得ス

第八百三十四條〔上に同じ〕

第八百三十五條〔上に同じ〕

第八百三十六條①庶子ハ其父母ノ婚姻ニ因リテ嫡出子タル身分ヲ取得ス

②〔上に同じ〕

③〔上に同じ〕

第二節　養子

第一款　縁組ノ要件

第八百三十七條〔上に同じ〕

第八百三十八條〔上に同じ〕

第八百三十九條〔上に同じ〕

第八百四十條①後見人ハ被後見人ヲ養子ト爲スコトヲ得ス其任務カ終了シタル後未タ管理ノ計算ヲ終ハラサル間亦同シ

第八百三十九條①配偶者アル者ハ其配偶者ト共ニスルニ非サレハ縁組ヲ爲スコトヲ得ス
②前項ノ規定ハ夫婦ノ一方カ他ノ一方ノ子ヲ養子ト爲ス場合ニハ之ヲ適用セス但他ノ一方ノ承諾ヲ得ルコトヲ要ス
第八百四十條　前條第一項ノ場合ニ於テ夫婦ノ一方カ其意思ヲ表示スルコト能ハサルトキハ他ノ一方ハ雙方ノ名義ヲ以テ縁組ヲ爲スコトヲ得
第八百四十一條①養子ト爲ルヘキ者カ十五年未満ナルトキハ其家ニ在ル父母之ニ代ハリテ縁組ノ承諾ヲ爲スコトヲ得
②繼父母又ハ嫡母カ前項ノ承諾ヲ爲スニハ親族會ノ同意ヲ得ルコトヲ要ス
第八百四十二條　成年ノ子カ養子ヲ爲シ又ハ滿十五年以上ノ子カ養子ト爲ルニハ其家ニ在ル父母ノ同意ヲ得ルコトヲ要ス
第八百四十三條　縁組又ハ婚姻ニ因リテ他家ニ入リタル者カ更ニ養子トシテ他家ニ入ラント欲スルトキハ實家ニ在ル父母ノ同意ヲ得ルコトヲ要ス但妻カ夫ニ隨ヒテ他家ニ入ルハ此限ニ在ラス
第八百四十四條①第七百七十一條第二項及ヒ第三項ノ規定ハ前三條ノ場合ニ之ヲ準用ス

②前項ノ規定ハ第八百四十八條ノ場合ニハ之ヲ適用セス
第八百四十一條①（上に同じ）
②夫婦ノ一方カ他ノ一方ノ子ヲ養子ト爲スニハ他ノ一方ノ同意ヲ得ルヲ以テ足ル
第八百四十二條（上に同じ）
第八百四十三條（上に同じ）
第八百四十四條　（上に同じ）
第八百四十五條（上に同じ）
第八百四十六條①第七百七十二條第二項及ヒ第三項ノ規定ハ前三條ノ場合ニ之ヲ準用ス

②第七百七十二條ノ規定ハ前二條ノ場合ニ之ヲ準用ス

第八百四十五條　第七百七十二條及ヒ第七百七十四條ノ規定ハ縁組ニ之ヲ準用ス

第八百四十六條①養子ヲ爲サント欲スル者ハ遺言ヲ以テ其意思ヲ表示スルコトヲ得此場合ニ於テハ遺言者死亡ノ後養子ト爲ルヘキ者又ハ第八百四十一條ノ規定ニ依リ之ニ代ハリテ承諾ヲ爲シタル者及ヒ成年ノ證人二人以上ヨリ遲滯ナク縁組ノ届出ヲ爲スコトヲ要ス

②前項ノ届出ハ養親ノ死亡ノ時ニ遡リテ其效力ヲ生ス

第八百四十七條①戸籍吏ハ縁組カ第七百四十一條第一項、第七百四十四條、第七百五十條第一項及ヒ前十二條ノ規定其他ノ法令ニ違反セサルコトヲ認メタル後ニ非サレハ其届出ヲ受理スルコトヲ得ス

②第七百七十五條但書ノ規定ハ前項ノ場合ニ之ヲ準用ス

第八百四十八條　外國ニ在ル日本人間ニ於テ縁組ヲ爲サントト欲スルトキハ其國ニ駐在スル日本ノ公使又ハ領事ニ其届出ヲ爲スコトヲ得此場合ニ於テハ第七百七十四條及ヒ前二條ノ規定ヲ準用ス

第二款　縁組ノ無效及ヒ取消

第八百四十九條　縁組ハ左ノ場合ニ限リ無效トス

一　人違其他ノ事由ニ因リ當事者間ニ縁組ヲ爲ス意思

---

②第七百七十三條ノ規定ハ前二條ノ場合ニ之ヲ準用ス

第八百四十七條　第七百七十四條及ヒ第七百七十五條ノ規定ハ縁組ニ之ヲ準用ス

第八百四十八條①養子ヲ爲サント欲スル者ハ遺言ヲ以テ其意思ヲ表示スルコトヲ得此場合ニ於テハ遺言執行者、養子ト爲ルヘキ者又ハ第八百四十三條ノ規定ニ依リ之ニ代ハリテ承諾ヲ爲シタル者及ヒ成年ノ證人二人以上ヨリ遺言カ效力ヲ生シタル後遲滯ナク縁組ノ届出ヲ爲スコトヲ要ス

②〔上に同じ〕

第八百四十九條①戸籍吏ハ縁組カ第七百四十一條第一項、第七百四十四條第一項、第七百五十條第一項及ヒ前十二條ノ規定其他ノ法令ニ違反セサルコトヲ認メタル後ニ非サレハ其届出ヲ受理スルコトヲ得ス

②第七百七十六條但書ノ規定ハ前項ノ場合ニ之ヲ準用ス

第八百五十條　外國ニ在ル日本人間ニ於テ縁組ヲ爲サント欲スルトキハ其國ニ駐在スル日本ノ公使又ハ領事ニ其届出ヲ爲スコトヲ得此場合ニ於テハ第七百七十五條及ヒ前二條ノ規定ヲ準用ス

第二款　縁組ノ無效及ヒ取消

第八百五十一條①縁組ハ左ノ場合ニ限リ無效トス

一　〔上に同じ〕

ナキトキ

二　當事者カ縁組ノ届出ヲ爲ササルトキ但其届出カ第七百七十四條第二項及ヒ第八百四十六條第一項ニ掲ケタル條件ヲ缺クニ止マルトキハ縁組ハ之カ爲メニ其效力ヲ妨ケラルルコトナシ

第八百五十條　縁組ハ後七條ノ規定ニ依ルニ非サレハ之ヲ取消スコトヲ得ス

第八百五十一條　第八百三十五條ノ規定ニ違反シタル縁組ハ養親又ハ其法定代理人ヨリ其取消ヲ裁判所ニ請求スルコトヲ得但養親カ成年ニ達シタル後六个月ヲ經過シ又ハ追認ヲ爲シタルトキハ此限ニ在ラス

第八百五十二條　第八百三十六條又ハ第八百三十七條ノ規定ニ違反シタル縁組ハ各當事者、其戸主又ハ親族ヨリ其取消ヲ裁判所ニ請求スルコトヲ得

第八百五十三條①第八百三十八條ノ規定ニ違反シタル縁組ハ養子又ハ其實方ノ親族ヨリ其取消ヲ裁判所ニ請求スルコトヲ得但管理ノ計算カ終ハリタル後養子カ追認ヲ爲シ又ハ六个月ヲ經過シタルトキハ此限ニ在ラス

②追認ハ養子カ成年ニ達シ又ハ能力ヲ囘復シタル後ニ非サレハ之ヲ爲スコトヲ得ス

③養子カ成年ニ達セス又ハ能力ヲ囘復セサル間ニ管理ノ計算カ終ハリタル場合ニ於テハ第一項但書ノ期間ハ養子カ

二　當事者カ縁組ノ届出ヲ爲ササルトキ但其届出カ第七百七十五條第二項及ヒ第八百四十八條第一項ニ掲ケタル條件ヲ缺クニ止マルトキハ縁組ハ之カ爲メニ其效力ヲ妨ケラルルコトナシ

第八百五十二條　〔上に同じ〕

第八百五十三條　第八百三十七條ノ規定ニ違反シタル縁組ハ養親又ハ其法定代理人ヨリ其取消ヲ裁判所ニ請求スルコトヲ得但養親カ成年ニ達シタル後六个月ヲ經過シ又ハ追認ヲ爲シタルトキハ此限ニ在ラス

第八百五十四條　第八百三十八條又ハ第八百三十九條ノ規定ニ違反シタル縁組ハ各當事者、其戸主又ハ親族ヨリ其取消ヲ裁判所ニ請求スルコトヲ得

第八百五十五條①第八百四十條ノ規定ニ違反シタル縁組ハ養子又ハ其實方ノ親族ヨリ其取消ヲ裁判所ニ請求スルコトヲ得但管理ノ計算カ終ハリタル後養子カ追認ヲ爲シ又ハ六个月ヲ經過シタルトキハ此限ニ在ラス

②追認ハ養子カ成年ニ達シ又ハ能力ヲ囘復シタル後之ヲ爲スニ非サレハ其效ナシ

③〔上に同じ〕

成年ニ達シ又ハ能力ヲ回復シタル時ヨリ之ヲ起算ス
第八百五十四条　第八百三十九条ノ規定ニ違反シタル縁組ハ承諾ヲ爲ササリシ配偶者ヨリ其取消ヲ裁判所ニ請求スルコトヲ得但其配偶者カ縁組アリタルコトヲ知リタル後六个月ヲ經過シタルトキハ追認ヲ爲シタルモノト看做ス
第八百五十五條①第八百四十二條乃至第八百四十四條ノ規定ニ違反シタル縁組ハ同意ヲ爲ス權利ヲ有セシ者ヨリ其取消ヲ裁判所ニ請求スルコトヲ得同意カ詐欺又ハ强迫ニ因リタルトキ亦同シ
②第七百八十三條[7]ノ規定ハ前項ノ場合ニ之ヲ準用ス
第八百五十六條①壻養子縁組ノ場合ニ於テハ各當事者ハ婚姻ノ無效又ハ取消ヲ理由トシテ縁組ノ取消ヲ裁判所ニ請求スルコトヲ得但婚姻ノ無效又ハ取消ノ請求ニ附帶シテ縁組ノ取消ヲ請求スルコトヲ妨ケス
②前項ノ取消權ハ當事者カ婚姻ノ無效ナルコト又ハ其取消アリタルコトヲ知リタル後六个月ヲ經過シ又ハ其取消權ヲ抛棄シタルトキハ消滅ス
第八百五十七條　第七百八十四條及ヒ第七百八十六條ノ規定ハ縁組ニ之ヲ準用ス但第七百八十四條第二項ノ期間ハ之ヲ六个月トス
第三款　縁組ノ效力
第八百五十八條　養子ハ縁組ノ日ヨリ養親ノ嫡出子タル身

第八百五十六条　第八百四十一條ノ規定ニ違反シタル縁組ハ同意ヲ爲ササリシ配偶者ヨリ其取消ヲ裁判所ニ請求スルコトヲ得但其配偶者カ縁組アリタルコトヲ知リタル後六个月ヲ經過シタルトキハ追認ヲ爲シタルモノト看做ス
第八百五十七條①第八百四十四條乃至第八百四十六條ノ規定ニ違反シタル縁組ハ同意ヲ爲ス權利ヲ有セシ者ヨリ其取消ヲ裁判所ニ請求スルコトヲ得同意カ詐欺又ハ强迫ニ因リタルトキ亦同シ
②第七百八十四條ノ規定ハ前項ノ場合ニ之ヲ準用ス
第八百五十八條〔上に同じ〕
第八百五十九條　第七百八十五條及ヒ第七百八十七條ノ規定ハ縁組ニ之ヲ準用ス但第七百八十五條第二項ノ期間ハ之ヲ六个月トス
第三款　縁組ノ效力
第八百六十條　〔上に同じ〕

分ヲ取得ス

第八百五十九條　養子ハ縁組ニ因リテ養親ノ家ニ入ル

第四款　離縁

第八百六十條①縁組ノ當事者ハ其協議ヲ以テ離縁ヲ爲スコトヲ得

②養子カ十五年未満ナルトキハ其離縁ハ養親ト養子ニ代ハリテ縁組ノ承諾ヲ爲ス權利ヲ有スル者トノ協議ヲ以テ之ヲ爲ス

③養親カ死亡シタル後養子カ離縁ヲ爲サント欲スルトキハ戸主ノ同意ヲ得テ之ヲ爲スコトヲ得

第八百六十一條①滿二十五年ニ達セサル者カ協議上ノ離縁ヲ爲スニハ第八百四十二條ノ規定ニ依リ其縁組ニ付キ同意ヲ爲ス權利ヲ有スル者ノ同意ヲ得ルコトヲ要ス

②第七百七十一條第二項、第三項及ヒ第七百七十二條ノ規定ハ前項ノ場合之ヲ準用ス

第八百六十二條①第七百七十三條及ヒ第七百七十四條ノ規定ハ協議上ノ離縁ニ之ヲ準用ス

②戸籍吏ハ離縁カ前二條ノ規定其他ノ法令ニ違反セサルコトヲ認メタル後ニ非サレハ其屆出ヲ受理スルコトヲ得ス

③戸籍吏カ前項ノ規定ニ違反シテ屆出ヲ受理シタルトキト

第八百六十一條　〔上に同じ〕

第四款　離縁

第八百六十二條　〔上に同じ〕

第八百六十三條①滿二十五年ニ達セサル者カ協議上ノ離縁ヲ爲スニハ第八百四十四條ノ規定ニ依リ其縁組ニ付キ同意ヲ爲ス權利ヲ有スル者ノ同意ヲ得ルコトヲ要ス

②第七百七十二條第二項、第三項及ヒ第七百七十三條ノ規定ハ前項ノ場合ニ之ヲ準用ス

第八百六十四條　第七百七十四條及ヒ第七百七十五條ノ規定ハ協議上ノ離縁ニ之ヲ準用ス

第八百六十五條①戸籍吏ハ離縁カ第七百七十五條第二項、第八百六十二條及ヒ第八百六十三條ノ規定其他ノ法令ニ違反セサルコトヲ認メタル後ニ非サレハ其屆出ヲ受理スルコトヲ得ス

②戸籍吏カ前項ノ規定ニ違反シテ屆出ヲ受理シタルトキト

雖モ離縁ハ之カ爲メニ其效力ヲ妨ケラルルコトナシ
第八百六十三條　縁組ノ當事者ノ一方ハ左ノ場合ニ限リ離縁ノ訴ヲ提起スルコトヲ得
一　他ノ一方ヨリ虐待又ハ重大ナル侮辱ヲ受ケタルトキ
二　他ノ一方ヨリ惡意ヲ以テ遺棄セラレタルトキ
三　養親ノ直系尊屬ヨリ虐待又ハ重大ナル侮辱ヲ受ケタルトキ
四　他ノ一方カ重禁錮一年以上ノ刑ニ處セラレタルトキ
五　養子ニ家名ヲ瀆シ又ハ家産ヲ傾クヘキ重大ナル過失アリタルトキ
六　養子カ逃亡シテ三年以上復歸セサルトキ
七　養子ノ生死カ三年以上分明ナラサルトキ
八　他ノ一方カ自己ノ直系尊屬ニ對シテ虐待ヲ爲シ又ハ之ニ重大ナル侮辱ヲ加ヘタルトキ
九　壻養子縁組ノ場合ニ於テ離婚アリタルトキ又ハ養子カ家女ト婚姻ヲ爲シタル場合ニ於テ離婚若クハ婚姻ノ取消アリタルトキ
第八百六十四條①養子カ滿十五年ニ達セサル間ハ其縁組ニ付キ承諾權ヲ有スル者ヨリ離縁ノ訴ヲ提起スルコトヲ得
②第八百四十一條第二項ノ規定ハ前項ノ場合ニ之ヲ準用ス

雖モ離縁ハ之カ爲メニ其效力ヲ妨ケラルルコトナシ
第八百六十六條　〔上に同じ〕
第八百六十七條①〔上に同じ〕
②第八百四十三條第二項ノ規定ハ前項ノ場合ニ之ヲ準用ス

第八百六十五條　第八百六十三條第一號乃至第六號ノ場合ニ於テ當事者ノ一方カ他ノ一方又ハ其直系尊屬ノ行爲ヲ宥恕シタルトキハ離縁ノ訴ヲ提起スルコトヲ得ス

第八百六十六條①第八百六十三條第四號ノ場合ニ於テ當事者ノ一方カ他ノ一方ノ行爲ニ同意シタルトキハ離縁ノ訴ヲ提起スルコトヲ得ス

②第八百六十三條第四號ニ掲ケタル刑ニ處セラレタル者ハ他ノ一方ノ處刑ヲ理由トシテ離縁ノ訴ヲ提起スルコトヲ得ス

第八百六十七條　第八百六十三條第一號乃至第五號及ヒ第八號ノ事由ニ因ル離縁ノ訴ハ之ヲ提起スル權利ヲ有スル者カ離縁ノ原因タル事實ヲ知リタル時ヨリ一年ヲ經過シタル後ハ之ヲ提起スルコトヲ得ス其事實發生ノ時ヨリ十年ヲ經過シタル後亦同シ

第八百六十八条　第八百六十三条第六號ノ事由ニ因ル離縁ノ訴ハ養親カ養子ノ復歸シタルコトヲ知リタル時ヨリ一年ヲ經過シタル後ハ之ヲ提起スルコトヲ得ス其復歸ノ時ヨリ十年ヲ經過シタル後亦同シ

第八百六十九條　第八百六十三條第七號ノ事由ニ因ル離縁ノ訴ハ養子ノ生死カ分明ト爲リタル後ハ之ヲ提起スルコトヲ得ス

第八百七十條①第八百六十三條第九號ノ場合ニ於テ離婚又

第八百六十八條　第八百六十六條第一號乃至第六號ノ場合ニ於テ當事者ノ一方カ他ノ一方又ハ其直系尊屬ノ行爲ヲ宥恕シタルトキハ離縁ノ訴ヲ提起スルコトヲ得ス

第八百六十九條①第八百六十六條第四號ノ場合ニ於テ當事者ノ一方カ他ノ一方ノ行爲ニ同意シタルトキハ離縁ノ訴ヲ提起スルコトヲ得ス

②第八百六十六條第四號ニ掲ケタル刑ニ處セラレタル者ハ他ノ一方ニ同一ノ事由アルコトヲ理由トシテ離縁ノ訴ヲ提起スルコトヲ得ス

第八百七十條　第八百六十六條第一號乃至第五號及ヒ第八號ノ事由ニ因ル離縁ノ訴ハ之ヲ提起スル權利ヲ有スル者カ離縁ノ原因タル事實ヲ知リタル時ヨリ一年ヲ經過シタル後ハ之ヲ提起スルコトヲ得ス其事實發生ノ時ヨリ十年ヲ經過シタル後亦同シ

第八百七十一條　第八百六十六條第六號ノ事由ニ因ル離縁ノ訴ハ養親カ養子ノ復歸シタルコトヲ知リタル時ヨリ一年ヲ經過シタル後ハ之ヲ提起スルコトヲ得ス其復歸ノ時ヨリ十年ヲ經過シタル後亦同シ

第八百七十二條　第八百六十六條第七號ノ事由ニ因ル離縁ノ訴ハ養子ノ生死カ分明ト爲リタル後ハ之ヲ提起スルコトヲ得ス

第八百七十三條①第八百六十六條第九號ノ場合ニ於テ離婚

ハ婚姻取消ノ請求アリタルトキハ之ニ附帯シテ離縁ノ請求ヲ爲スコトヲ得

②第八百六十三條第九號ノ事由ニ因ル離縁ノ訴ハ當事者カ離婚又ハ婚姻ノ取消アリタルコトヲ知リタル後六个月ヲ經過シ又ハ離縁請求ノ權利ヲ拋棄シタルトキハ之ヲ提起スルコトヲ得ス

第八百七十一條　養子カ戸主ト爲リタル後ハ離縁ヲ爲スコトヲ得ス但養子カ隱居ヲ爲シタル後ハ此限ニ在ラス

第八百七十二條　養子ハ離縁ニ因リ其實家ニ於テ有セシ身分ヲ回復ス但第三者カ既ニ取得シタル權利ヲ害スルコトヲ得ス

第八百七十三條　夫婦カ養子ト爲リ又ハ養子カ養親ノ他ノ養子ト婚姻ヲ爲シタル場合ニ於テ妻カ離縁ニ因リテ養家ヲ去ルヘキトキハ夫ハ其選擇ニ從ヒ離縁又ハ離婚ヲ爲スコトヲ要ス

第五章　親權

第一節　總則

第八百七十四條①子ハ其家ニ在ル父ノ親權ニ服ス但獨立ノ生計ヲ立ツル成年者ハ此限ニ在ラス

②父カ知レサルトキ、死亡シタルトキ、家ヲ去リタルトキ又ハ親權ヲ行フコト能ハサルトキハ家ニ在ル母之ヲ行フ

第八百七十五條　繼父、繼母又ハ嫡母カ親權ヲ行フ場合ニ

又ハ婚姻取消ノ請求アリタルトキハ之ニ附帯シテ離縁ノ請求ヲ爲スコトヲ得

②第八百六十六條第九號ノ事由ニ因ル離縁ノ訴ハ當事者カ離婚又ハ婚姻ノ取消アリタルコトヲ知リタル後六个月ヲ經過シ又ハ離縁請求ノ權利ヲ拋棄シタルトキハ之ヲ提起スルコトヲ得ス

第八百七十四條　養子カ戸主ト爲リタル後ハ離縁ヲ爲スコトヲ得ス但隱居ヲ爲シタル後ハ此限ニ在ラス

第八百七十五條〔上に同じ〕

第八百七十六條〔上に同じ〕

第五章　親權

第一節　總則

第八百七十七條〔上に同じ〕

第八百七十八條〔上に同じ〕

於テハ次章ノ規定ヲ準用ス

第二節　親權ノ效力

第八百七十六條　親權ヲ行フ父又ハ母ハ未成年ノ子ノ監護及ヒ教育ヲ爲ス權利ヲ有シ義務ヲ負フ

第八百七十七條　未成年ノ子ハ親權ヲ行フ父又ハ母カ指定シタル場所ニ其居所ヲ定ムルコトヲ要ス但第七百四十九條ノ適用ヲ妨ケス

第八百七十八條　未成年ノ子カ兵役ヲ出願スルニハ親權ヲ行フ父又ハ母ノ許可ヲ得ルコトヲ要ス

第八百七十九條①親權ヲ行フ父又ハ母ハ必要ナル範圍內ニ於テ自ラ其子ヲ懲戒シ又ハ裁判所ノ許可ヲ得テ之ヲ懲戒場ニ入ルルコトヲ得

②子ヲ懲戒場ニ入ルル期間ハ六个月以下ノ範圍內ニ於テ裁判所之ヲ定ム但此期間ハ父又ハ母ノ請求ニ因リ何時ニテモ之ヲ短縮スルコトヲ得

第八百八十條①未成年ノ子ハ親權ヲ行フ父又ハ母ノ許可ヲ得ルニ非サレハ職業ヲ營ムコトヲ得ス

②父又ハ母ハ第六條第二項ノ場合ニ於テハ前項ノ許可ヲ取消シ又ハ之ヲ制限スルコトヲ得

第八百八十一條　親權ヲ行フ父又ハ母ハ未成年ノ子ノ財產ヲ管理シ又其財產ニ關スル法律行爲ニ付キ其子ヲ代表ス但其子ノ行爲ヲ目的トスル義務ヲ生スヘキ場合ニ於テハ

第二節　親權ノ效力

第八百七十九條　〔上に同じ〕

第八百八十條　〔上に同じ〕

第八百八十一條　〔上に同じ〕

第八百八十二條　〔上に同じ〕

第八百八十三條　〔上に同じ〕

第八百八十四條　親權ヲ行フ父又ハ母ハ未成年ノ子ノ財產ヲ管理シ又其財產ニ關スル法律行爲ニ付キ其子ヲ代表ス但其子ノ行爲ヲ目的トスル債務ヲ生スヘキ場合ニ於テハ

本人ノ同意ヲ得ルコトヲ要ス

第八百八十二條 未成年ノ子カ其配偶者ノ財産ヲ管理スヘキ場合ニ於テハ親權ヲ行フ父又ハ母之ニ代ハリテ其財産ヲ管理ス

第八百八十三條 親權ヲ行フ母カ未成年ノ子ニ代ハリテ左ニ掲ケタル行爲ヲ爲シ又ハ子ノ之ヲ爲スコトニ同意スルニハ親族會ノ同意ヲ得ルコトヲ要ス

一 營業ヲ爲スコト

二 借財又ハ保證ヲ爲スコト

三 不動産又ハ重要ナル動産ニ關スル權利ノ喪失ヲ目的トスル行爲ヲ爲スコト

四 不動産又ハ重要ナル動産ニ關スル和解又ハ仲裁契約ヲ爲スコト

五 相續ヲ拋棄スルコト

六 贈與又ハ遺贈ヲ拒絕スルコト

第八百八十四條①親權ヲ行フ父又ハ母カ其權限ヲ超エテ爲シ又ハ前條ノ規定ニ違反シテ同意ヲ與ヘタル行爲ハ父若クハ母又ハ子ニ於テ之ヲ取消スコトヲ得此場合ニ於テハ第十九條ノ規定ヲ準用ス

②前項ノ規定ハ第百二十一條乃至第百二十六條ノ適用ヲ妨ケス

第八百八十五條①親權ヲ行フ父又ハ母ト其未成年ノ子ト利

本人ノ同意ヲ得ルコトヲ要ス

第八百八十五條〔上に同じ〕

第八百八十六條〔上に同じ〕

第八百八十七條①親權ヲ行フ母カ前條ノ規定ニ違反シテ爲シ又ハ同意ヲ與ヘタル行爲ハ子又ハ其法定代理人ニ於テ[8]之ヲ取消スコトヲ得此場合ニ於テハ第十九條ノ規定ヲ準用ス

②〔上に同じ〕

第八百八十八條〔上に同じ〕

益相反スル行爲ニ付テハ父又ハ母ハ其子ノ爲メニ特別代理人ヲ選任スルコトヲ親族會ニ請求スルコトヲ要ス

②父又ハ母カ數人ノ子ニ對シテ親權ヲ行フ場合ニ於テ其一人ト他ノ子トノ利益相反スル行爲ニ付テハ其一方ノ爲メ前項ノ規定ヲ準用ス

第八百八十六條　親權ヲ行フ父又ハ母ハ自己ノ爲メニスルト同一ノ注意ヲ以テ財産ノ管理ヲ爲スコトヲ要ス

第八百八十七條　子カ成年ニ達シタルトキハ親權ヲ行ヒタル父又ハ母ハ遲滯ナク其管理ノ計算ヲ爲スコトヲ要ス但其子ノ養育及ヒ財産ノ管理ノ費用ハ其子ノ財産ノ收益ト之ヲ相殺シタルモノト看做ス

第八百八十八條①前條但書ノ規定ハ無償ニテ子ニ財産ヲ與フル第三者カ反對ノ意思ヲ表示シタルトキハ其財産ニ付テハ之ヲ適用セス

第八百八十九條①無償ニテ子ニ財産ヲ與フル第三者カ親權ヲ行フ父又ハ母ヲシテ之ヲ管理セシメサル意思ヲ表示シタルトキハ其財産ハ父又ハ母ノ管理ニ屬セサルモノトス

②前項ノ場合ニ於テ第三者カ管理者ヲ指定セサリシトキハ裁判所ハ子、其親族又ハ檢事ノ請求ニ因リ其管理者ヲ選任ス

第八百八十九條①親權ヲ行フ父又ハ母ハ自己ノ爲メニスルト同一ノ注意ヲ以テ其管理權ヲ行フコトヲ要ス

②母ハ親族會ノ同意ヲ得テ爲シタル行爲ニ付テモ其責ヲ免ルルコトヲ得ス但母ニ過失ナカリシトキハ此限ニ在ラス

第八百九十條　〔上に同じ〕

第八百九十一條　〔上に同じ〕

第八百九十二條　〔上に同じ〕

③第三者カ管理者ヲ指定セシトキト雖モ其管理者ノ権限カ消滅シ又ハ之ヲ改任スル必要アル場合ニ於テ第三者カ更ニ管理者ヲ指定セサルトキ亦同シ

④第二十七條乃至第二十九條ノ規定ハ前二項ノ場合ニ之ヲ準用ス

第八百九十條　第六百五十四條及ヒ第六百五十五條ノ規定ハ父又ハ母カ子ノ財産ヲ管理スル場合及ヒ前條ノ場合ニ之ヲ準用ス

第八百九十一條①親権ヲ行ヒタル父若クハ母又ハ親族會員ト其子トノ間ニ財産ノ管理ニ付テ生シタル債権ハ其管理権消滅ノ時ヨリ五年間之ヲ行ハサルトキハ時效ニ因リテ消滅ス

②子カ未タ成年ニ達セサル間ニ管理権カ消滅シタルトキハ前項ノ期間ハ其子カ成年ニ達シ又ハ後任ノ法定代理人カ就職シタル時ヨリ之ヲ起算ス

第八百九十二條　親権ヲ行フ父又ハ母ハ其未成年ノ子ニ代ハリテ戸主権及ヒ親権ヲ行フ

第三節　親権ノ喪失

第八百九十三條　父又ハ母カ親権ヲ濫用シ又ハ著シク不行跡ナルトキハ裁判所ハ子ノ親族又ハ檢事ノ請求ニ因リ其親権ノ喪失ヲ宣告スルコトヲ得

第八百九十四條①親権ヲ行フ父又ハ母カ管理ノ失當ニ因リ

第八百九十三條　〔上に同じ〕

第八百九十四條　〔上に同じ〕

第八百九十五條〔上に同じ〕

第三節　親権ノ喪失

第八百九十六條　〔上に同じ〕

第八百九十七條①親権ヲ行フ父又ハ母カ管理ノ失當ニ因

其子ノ財産ヲ危クシタルトキハ裁判所ハ子ノ親族又ハ検事ノ請求ニ因リ其管理權ノ喪失ヲ宣告スルコトヲ得

②父カ前項ノ宣告ヲ受ケタルトキハ管理權ハ家ニ在ル母之ヲ行フ

第八百九十五條　前二條ニ定メタル原因カ止ミタルトキハ裁判所ハ本人又ハ其親族ノ請求ニ因リ失權ノ宣告ヲ取消スコトヲ得

第八百九十六條　親權ヲ行フ母ハ財産ノ管理ヲ辭スルコトヲ得

第六章　後見

第一節　後見ノ開始

第八百九十七條　後見ハ左ノ場合ニ於テ開始ス

一　未成年者ニ對シ親權ヲ行フ者ナキトキ又ハ親權ヲ行フ者カ管理權ヲ有セサルトキ

二　成年者カ禁治産ノ宣告ヲ受ケタルトキ

第二節　後見ノ機關

第一款　後見人

第八百九十八條①未成年者ニ對シテ最後ニ親權ヲ行フ者ハ遺言ヲ以テ後見人ヲ指定スルコトヲ得但管理權ヲ有セサル者ハ此限ニ在ラス

②親權ヲ行フ父ノ生前ニ於テ母カ豫メ財産ノ管理ヲ辭シタルトキハ父ハ前項ノ規定ニ依リ後見人ノ指定ヲ爲スコト

リテ[9]其子ノ財産ヲ危クシタルトキハ裁判所ハ子ノ親族又ハ検事ノ請求ニ因リ其管理權ノ喪失ヲ宣告スルコトヲ得

②〔上に同じ〕

第八百九十八條〔上に同じ〕

第八百九十九條〔上に同じ〕

第六章　後見

第一節　後見ノ開始

第九百條　後見ハ左ノ場合ニ於テ開始ス

一　未成年者ニ對シテ親權ヲ行フ者ナキトキ又ハ親權ヲ行フ者カ管理權ヲ有セサルトキ

二　禁治産ノ宣告アリタルトキ[10]

第二節　後見ノ機關

第一款　後見人

第九百一條①〔上に同じ〕

②親權ヲ行フ父ノ生前ニ於テ母カ豫メ[11]財産ノ管理ヲ辭シタルトキハ父ハ前項ノ規定ニ依リテ後見人ノ指定ヲ爲スコ

ヲ得
第八百九十九條①親權ヲ行フ父又ハ母ハ禁治產者ノ後見人ト爲ル
②妻カ禁治產ノ宣告ヲ受ケタルトキハ夫其後見人ト爲ル夫カ後見人タラサルトキハ前項ノ規定ニ依ル
③夫カ禁治產ノ宣告ヲ受ケタルトキハ妻其後見人ト爲ル妻カ後見人タラサルトキ又ハ夫カ未成年者ナルトキハ第一項ノ規定ニ依ル
第九百條　前二條ノ規定ニ依リテ家族ノ後見人タル者アラサルトキハ戶主其後見人ト爲ル
第九百一條　前三條ノ規定ニ依リテ後見人タル者アラサルトキハ後見人ハ親族會之ヲ選任ス
第九百二條　母カ財產ノ管理ヲ辭シ、後見人カ其職務ヲ辭シ、親權ヲ行ヒタル父若クハ母カ家ヲ去リ又ハ戶主カ隱居ヲ爲シタルニ因リ後見人ヲ選任スル必要ヲ生シタルトキハ其父、母又ハ後見人ハ遲滯ナク親族會ノ招集ヲ裁判所ニ請求スルコトヲ要ス
第九百三條　後見人ハ一人タルコトヲ要ス
第九百四條　後見人ハ婦女ヲ除ク外左ノ事由アルニ非サレハ其任務ヲ辭スルコトヲ得ス
一　軍人又ハ軍屬トシテ現役ニ服スルコト
二　被後見人ノ住所ノ市又ハ郡以外ニ於テ公務ニ從事

トヲ得
第九百二條〔上に同じ〕
第九百三條〔上に同じ〕
第九百四條〔上に同じ〕
第九百五條　母カ財產ノ管理ヲ辭シ、後見人カ其任務ヲ辭シ、親權ヲ行ヒタル父若クハ母カ家ヲ去リ又ハ戶主カ隱居ヲ爲シタルニ因リ後見人ヲ選任スル必要ヲ生シタルトキハ其父、母又ハ後見人ハ遲滯ナク親族會ヲ招集シ又ハ其招集ヲ裁判所ニ請求スルコトヲ要ス
第九百六條〔上に同じ〕
第九百七條　後見人ハ婦女ヲ除ク外左ノ事由アルニ非サレハ其任務ヲ辭スルコトヲ得ス
一　軍人トシテ現役ニ服スルコト
二〔上に同じ〕

スルコト
三　自己ヨリ先ニ後見人タルヘキ者ニ付キ本條又ハ次條ニ掲ケタル事由ノ存セシ場合ニ於テ其事由カ消滅シタルコト
四　禁治産者ニ付テハ十年以上後見ヲ爲シタルコト但配偶者、直系血族及ヒ戸主ハ此限ニ在ラス
五　此他正當ノ事由
第九百五條　左ニ掲ケタル者ハ後見人タルコトヲ得ス
一　未成年者
二　禁治産者及ヒ準禁治産者
三　剝奪公權者及ヒ停止公權者
四　裁判所ニ於テ免黜セラレタル法定代理人又ハ保佐人
五　破産者
六　被後見人ニ對シ訴訟ヲ爲シ又ハ爲シタル者及ヒ其配偶者竝ニ直系血族
七　行方ノ知レサル者
八　裁判所ニ於テ後見ノ任務ニ堪ヘサル事跡、不正ノ行爲又ハ著シキ不行跡アリト認メタル者
第九百六條①前七條ノ規定ハ保佐人ニ之ヲ準用ス
②保佐人又ハ其代表スル者ト準禁治産者トノ利益相反スル行爲ニ付テハ保佐人ハ臨時保佐人ノ選任ヲ親族會ニ請求

三　〔上に同じ〕
四　〔上に同じ〕
五　〔上に同じ〕
第九百八條　左ニ掲ケタル者ハ後見人タルコトヲ得ス
一　〔上に同じ〕
二　〔上に同じ〕
三　〔上に同じ〕
四　〔上に同じ〕
五　〔上に同じ〕
六　被後見人ニ對シテ訴訟ヲ爲シ又ハ爲シタル者及ヒ其配偶者竝ニ直系血族
七　〔上に同じ〕
八　〔上に同じ〕
第九百九條　〔上に同じ〕

スルコトヲ要ス

第二款　後見監督人

第九百七條　後見人ヲ指定スルコトヲ得ル者ハ遺言ヲ以テ後見監督人ヲ指定スルコトヲ得

第九百八條①前條ノ規定ニ依リテ指定シタル後見監督人ナキトキハ法定後見人又ハ指定後見人ハ其事務ニ著手スル前親族會ノ招集ヲ請求シ後見監督人ヲ選任セシムルコトヲ要ス若シ之ニ違反シタルトキハ親族會ハ其後見人ヲ免黜スルコトヲ得

②親族會ニ於テ後見人ヲ選任シタルトキハ直チニ後見監督人ヲ選任スルコトヲ要ス

第九百九條　後見人就職ノ後後見監督人ノ缺ケタルトキハ後見人ハ遅滯ナク親族會ヲ招集シ後見監督人ヲ選任セシムルコトヲ要ス此場合ニ於テハ前條第一項ノ規定ヲ準用ス

第九百十條①後見人ノ更迭アリタルトキハ親族會ハ後見監督人ヲ改選スルコトヲ要ス但前後見監督人ヲ重選スルコトヲ妨ケス

②新後見人カ親族會ニ於テ選任シタル者ニ非サルトキハ後見監督人ハ遅滯ナク親族會ヲ招集シ前項ノ規定ニ依リテ改選ヲ爲サシムルコトヲ要ス若シ之ニ違反シタルトキハ後見人ノ行爲ニ付キ之ト連帶シテ其責ニ任ス

第二款　後見監督人

第九百十條　〔上に同じ〕

第九百十一條①前條ノ規定ニ依リテ指定シタル後見監督人ナキトキハ法定後見人又ハ指定後見人ハ其事務ニ著手スル前親族會ノ招集ヲ裁判所ニ請求シ後見監督人ヲ選任セシムルコトヲ要ス若シ之ニ違反シタルトキハ親族會ハ其後見人ヲ免黜スルコトヲ得

②〔上に同じ〕

第九百十二條〔上に同じ〕

第九百十三條①後見人ノ更迭アリタルトキハ親族會ハ後見監督人ヲ改選スルコトヲ要ス但前後見監督人ヲ再選スルコトヲ妨ケス

②〔上に同じ〕

第九百十一條①後見人ノ配偶者、直系血族又ハ兄弟姉妹ハ後見監督人タルコトヲ得ス

第九百十二條　後見監督人ノ職務左ノ如シ
一　後見人ノ事務ヲ監督スルコト
二　後見人ノ缺ケタル場合ニ於テ遲滯ナク其後任者ノ任務ニ就クコトヲ促シ若シ後任者ナキトキハ親族會ヲ招集シ其選任ヲ爲サシムルコト
三　急迫ノ事情アル場合ニ於テ必要ナル處分ヲ爲スコト
四　後見人又ハ其代表スル者ト被後見人トノ利益相反スル行爲ニ付キ被後見人ヲ代表スルコト

第九百十三條　第六百四十四條、第九百四條及ヒ第九百五條ノ規定ハ後見監督人ニ之ヲ準用ス

第三節　後見ノ事務

第九百十四條①後見人ハ遲滯ナク被後見人ノ財産ノ調査ニ著手シ一个月内ニ其調査ヲ終ハリ且其目錄ヲ調製スルコトヲ要ス但此期間ハ親族會ニ於テ之ヲ伸長スルコトヲ得
②財産ノ調査及ヒ其目錄ノ調製ハ後見監督人ノ立會ヲ以テ之ヲ爲スニ非サレハ其效ナシ
③後見人カ前二項ノ規定ニ從ヒ財産ノ目錄ヲ調製セサルトキハ親族會ハ之ヲ免黜スルコトヲ得

第九百十五條　後見人ハ目錄ノ調製ヲ終ハルマテハ急迫ノ

第九百十四條（上に同じ）

第九百十五條　後見監督人ノ職務左ノ如シ
一　（上に同じ）
二　後見人ノ缺ケタル場合ニ於テ遲滯ナク其後任者ノ任務ニ就クコトヲ促シ若シ後任者ナキトキハ親族會ヲ招集シテ其選任ヲ爲サシムルコト
三　（上に同じ）
四　（上に同じ）

第九百十六條　第六百四十四條、第九百七條及ヒ第九百八條ノ規定ハ後見監督人ニ之ヲ準用ス

第三節　後見ノ事務

第九百十七條　（上に同じ）

第九百十八條　（上に同じ）

必要アル行爲ノミヲ爲ス權限ヲ有ス但之ヲ以テ善意ノ第三者ニ對抗スルコトヲ得ス	
第九百十六條①後見人カ被後見人ニ對シ債權ヲ有シ又ハ債務ヲ負フトキハ財産ノ調査ニ著手スル前ニ之ヲ後見監督人ニ申出ツルコトヲ要ス ②後見人カ被後見人ニ對シ債權ヲ有スルコトヲ知リテ之ヲ申出テサルトキハ其債權ヲ失フ ③後見人カ被後見人ニ對シ債務ヲ負フコトヲ知リテ之ヲ申出テサルトキハ親族會ハ其後見人ヲ免黜スルコトヲ得	第九百十九條　〔上に同じ〕
第九百十七條　前三條ノ規定ハ後見人就職ノ後被後見人カ包括財産ヲ取得シタル場合ニ之ヲ準用ス	第九百二十條　〔上に同じ〕
第九百十八條　未成年者ノ後見人ハ第八百七十六條乃至第八百八十條及ヒ第八百八十二條ニ定メタル事項ニ付キ親權ヲ行フ父又ハ母ト同一ノ權利義務ヲ有ス但親權ヲ行フ父又ハ母カ定メタル教育ノ方法及ヒ居所ヲ變更シ、未成年者ヲ懲戒場ニ入レ、營業ヲ許可シ、其許可ヲ取消シ又ハ之ヲ制限スルニハ親族會ノ同意ヲ得ルコトヲ要ス	第九百二十一條　未成年者ノ後見人ハ第八百七十九條乃至第八百八十三條及ヒ第八百八十五條ニ定メタル事項ニ付キ親權ヲ行フ父又ハ母ト同一ノ權利義務ヲ有ス但親權ヲ行フ父又ハ母カ定メタル教育ノ方法及ヒ居所ヲ變更シ、未成年者ヲ懲戒場ニ入レ、營業ヲ許可シ、其許可ヲ取消シ又ハ之ヲ制限スルニハ親族會ノ同意ヲ得ルコトヲ要ス
第九百十九條①禁治産者ノ後見人ハ禁治産者ノ資力ニ應シテ其療養看護ヲ力ムルコトヲ要ス ②禁治産者ヲ瘋癲病院ニ入レ又ハ私宅ニ監置スルト否トハ親族會ノ同意ヲ得テ後見人之ヲ定ム	第九百二十二條　〔上に同じ〕
第九百二十條①後見人ハ被後見人ノ財産ヲ管理シ又其財産	第九百二十三條①　〔上に同じ〕

ニ關スル法律行爲ニ付キ被後見人ヲ代表ス
②第八百八十一條但書ノ規定ハ前項ノ場合ニ之ヲ準用ス
第九百二十一條①後見人ハ其就職ノ初ニ於テ親族會ノ同意ヲ得テ被後見人ノ生活、教育又ハ療養看護及ヒ財産ノ管理ノ爲メ毎年費スヘキ金額ヲ豫定スルコトヲ要ス
②前項ノ豫定額ハ親族會ノ同意ヲ得ルニ非サレハ之ヲ變更スルコトヲ得ス但已ムコトヲ得サル場合ニ於テ豫定額ヲ超ユル金額ヲ支出スルコトヲ妨ケス
第九百二十二條　親族會ハ後見人及ヒ被後見人ノ資力其他ノ事情ニ依リ被後見人ノ財産中ヨリ相當ノ報酬ヲ後見人ニ與フルコトヲ得但後見人カ被後見人ノ配偶者、直系血族又ハ戸主ナルトキハ此限ニ在ラス
第九百二十三條　後見人ハ親族會ノ同意ヲ得テ有給ノ財産管理者ヲ使用スルコトヲ得但第百六條ノ適用ヲ妨ケス
第九百二十四條①親族會ハ後見人就職ノ初ニ於テ後見人カ被後見人ノ爲メニ受取リタル金錢カ何程ノ額ニ達セハ之ヲ寄託スヘキカヲ定ムルコトヲ要ス
②後見人カ被後見人ノ爲メニ受取リタル金錢カ親族會ノ定メタル額ニ達スルモ相當ノ期間内ニ之ヲ寄託セサルトキハ其法定利息ヲ拂フコトヲ要ス
③金錢ヲ寄託スヘキ場所ハ親族會ノ同意ヲ得テ後見人之ヲ定ム

②第八百八十四條但書ノ規定ハ前項ノ場合ニ之ヲ準用ス
第九百二十四條①〔上に同じ〕
第九百二十五條　〔上に同じ〕
第九百二十六條　〔上に同じ〕
第九百二十七條　〔上に同じ〕

第九百二十五條　指定後見人及ヒ選定後見人ハ毎年少クトモ一回被後見人ノ財産ノ状況ヲ親族會ニ報告スルコトヲ要ス

第九百二十六條　後見人カ被後見人ニ代ハリテ營業若クハ第十二條第一項ニ掲ケタル行爲ヲ爲シ又ハ未成年者ノ之ヲ爲スコトニ同意スルニハ親族會ノ認許ヲ得ルコトヲ要ス但元本ヲ領收スルハ此限ニ在ラス

第九百二十七條①後見人カ被後見人ノ財産及ヒ被後見人ニ對スル第三者ノ權利ヲ讓受ケタルトキハ被後見人ハ之ヲ取消スコトヲ得此場合ニ於テハ第十九條ノ規定ヲ準用ス

②前項ノ規定ハ第百二十一條乃至第百二十六條ノ適用ヲ妨ケス

第九百二十八條　後見人ハ親族會ノ同意ヲ得ルニ非サレハ被後見人ノ財産ヲ賃借スルコトヲ得ス

第九百二十九條　後見人カ其任務ヲ曠クスルトキハ親族會ハ臨時管理人ヲ選任シ後見人ノ責任ヲ以テ被後見人ノ財産ヲ管理セシムルコトヲ得

第九百三十條　親族會ハ後見人ヲシテ被後見人ノ財産ノ管理及ヒ返還ニ付キ相當ノ擔保ヲ供セシムルコトヲ得

第九百三十一條①被後見人カ戸主ナルトキハ後見人ハ之ニ代ハリテ其權利ヲ行フ但家族ヲ離籍シ、其復籍ヲ拒ミ又ハ家族カ分家ヲ爲シ若クハ廢絶家ヲ再興スルコトニ同意

第九百二十八條〔上に同じ〕

第九百二十九條　後見人カ被後見人ニ代ハリテ營業若クハ第十二條第一項ニ掲ケタル行爲ヲ爲シ又ハ未成年者ノ之ヲ爲スコトニ同意スルニハ親族會ノ同意ヲ得ルコトヲ要ス但元本ノ領收ニ付テハ此限ニ在ラス

第九百三十條①後見人カ被後見人ノ財産又ハ被後見人ニ對スル第三者ノ權利ヲ讓受ケタルトキハ被後見人ハ之ヲ取消スコトヲ得此場合ニ於テハ第十九條ノ規定ヲ準用ス

②〔上に同じ〕

第九百三十一條〔上に同じ〕

第九百三十二條〔上に同じ〕

第九百三十三條〔上に同じ〕

第九百三十四條①〔上に同じ〕

スルニハ親族會ノ同意ヲ得ルコトヲ要ス
②後見人ハ未成年者ニ代ハリテ親權ヲ行フ但第九百十四條乃至第九百十八條及ヒ前十條ノ規定ヲ準用ス
第九百三十二條　親權ヲ行フ者カ管理權ヲ有セサル場合ニ於テハ後見人ハ財產ニ關スル權限ノミヲ有ス
第九百三十三條　第六百四十四條、第八百八十四條及ヒ第八百八十九條ノ規定ハ後見ニ之ヲ準用ス

第四節　後見ノ終了

第九百三十四條　後見人ノ任務カ終了シタルトキハ後見人又ハ其相續人ハ二个月內ニ其管理ノ計算ヲ爲スコトヲ要ス但此期間ハ親族會ニ於テ之ヲ伸長スルコトヲ得
第九百三十五條①後見人ノ計算ハ後見監督人ノ立會ヲ以テ之ヲ爲ス
②後見人ノ更迭アリタル場合ニ於テハ後見ノ計算ハ親族會ノ認可ヲ得ルコトヲ要ス
第九百三十六條①未成年者カ成年ニ達シタル後後見ノ計算ノ終了前ニ其者ト後見人又ハ其相續人トノ間ニ爲シタル契約ハ其者ニ於テ之ヲ取消スコトヲ得其者カ後見人又ハ其相續人ニ對シテ爲シタル單獨行爲亦同シ
②第十九條及ヒ第百二十一條乃至第百二十六條ノ規定ハ前項ノ場合ニ之ヲ準用ス

---

②後見人ハ未成年者ニ代ハリテ親權ヲ行フ但第九百十七條乃至第九百二十一條及ヒ前十條ノ規定ヲ準用ス
第九百三十五條　〔上に同じ〕(12)
第九百三十六條　第六百四十四條、第八百八十七條、第八百八十九條第二項及ヒ第八百九十二條ノ規定ハ後見ニ之ヲ準用ス

第四節　後見ノ終了

第九百三十七條　〔上に同じ〕
第九百三十八條　〔上に同じ〕
第九百三十九條　〔上に同じ〕

第九百三十七條①後見人カ被後見人ニ返還スヘキ金額及ヒ被後見人カ後見人ニ返還スヘキ金額ニハ後見ノ計算終了ノ時ヨリ利息ヲ附スルコトヲ要ス

②後見人カ自己ノ爲メニ被後見人ノ金錢ヲ消費シタルトキハ其消費ノ時ヨリ之ニ利息ヲ附スルコトヲ要ス尚ホ損害アリタルトキハ其賠償ノ責ニ任ス

第九百三十八條　第六百五十四條及ヒ第六百五十五條ノ規定ハ後見ニ之ヲ準用ス

第九百三十九條①第八百九十一條ニ定メタル時效ハ後見人、後見監督人又ハ親族會員ト被後見人トノ間ニ於テ後見ニ關シテ生シタル債權ニ之ヲ準用ス

②前項ノ時效ハ第九百三十六條ノ規定ニ依リテ法律行爲ヲ取消シタル場合ニ於テハ其取消ノ時ヨリ之ヲ起算ス

第七章　親族會

第九百四十條　本法其他ノ法令ノ規定ニ依リ親族會ヲ開クヘキ場合ニ於テハ會議ヲ要スル事件ノ本人、戸主、親族、後見人、後見監督人、保佐人、檢事又ハ利害關係人ノ請求ニ因リ裁判所之ヲ招集ス

第九百四十一條①親族會員ハ三人以上トシ親族其他本人又ハ其家ニ緣故アル者ノ中ヨリ裁判所之ヲ選定ス

第九百四十條　〔上に同じ〕

第九百四十一條　〔上に同じ〕

第九百四十二條①第八百九十四條ニ定メタル時效ハ後見人、後見監督人又ハ親族會員ト被後見人トノ間ニ於テ後見ニ關シテ生シタル債權ニ之ヲ準用ス

②前項ノ時效ハ第九百三十九條ノ規定ニ依リテ法律行爲ヲ取消シタル場合ニ於テハ其取消ノ時ヨリ之ヲ起算ス

第九百四十三條　前條[13]第一項ノ規定ハ保佐人又ハ親族會員ト準禁治産者トノ間ニ之ヲ準用ス

第七章　親族會

第九百四十四條　〔上に同じ〕

第九百四十五條　〔上に同じ〕

②後見人ヲ指定スルコトヲ得ル者ハ遺言ヲ以テ親族會員ヲ選定スルコトヲ得

第九百四十二條①遠隔ノ地ニ居住スル者ハ親族會員タルコトヲ辭スルコトヲ得

②後見人、後見監督人及ヒ保佐人ハ親族會員タルコトヲ得ス

③第九百四條第五號及ヒ第九百五條ノ規定ハ親族會員ニ之ヲ準用ス

第九百四十三條①親族會ノ議事ハ會員ノ過半數ヲ以テ之ヲ決ス

②會員ハ自己ノ利害ニ關スル議事ニ付キ表決ノ數ニ加ハルコトヲ得ス

第九百四十四條①本人、戸主、其家ニ在ル父母、配偶者、本家竝ニ分家ノ戸主、後見人、後見監督人及ヒ保佐人ハ親族會ニ於テ其意見ヲ述フルコトヲ得

②親族會ノ招集ハ前項ニ掲ケタル者ニ之ヲ通知スルコトヲ要ス

第九百四十五條　無能力者ノ爲メニ設ケタル親族會ハ其者ノ無能力ノ止ムマテ繼續ス此親族會ハ最初ノ招集ノ場合ヲ除ク外本人、其法定代理人、後見監督人、保佐人又ハ會員之ヲ招集ス

第九百四十六條　親族會ニ缺員ヲ生シタルトキハ會員ハ補

第九百四十六條①遠隔ノ地ニ居住スル者其他正當ノ事由アル者ハ親族會員タルコトヲ辭スルコトヲ得

②〔上に同じ〕

③第九百八條ノ規定ハ親族會員ニ之ヲ準用ス

第九百四十七條〔上に同じ〕

第九百四十八條①本人、戸主、家ニ在ル父母、配偶者、本家竝ニ分家ノ戸主、後見人、後見監督人及ヒ保佐人ハ親族會ニ於テ其意見ヲ述フルコトヲ得

②〔上に同じ〕

第九百四十九條　〔上に同じ〕

第九百五十條　〔上に同じ〕

缺員ノ選定ヲ裁判所ニ請求スルコトヲ要ス

第九百四十七條　親族會ノ決議ニ對シテハ一个月内ニ會員其他第九百四十條ニ掲ケタル者ヨリ其不服ヲ裁判所ニ訴フルコトヲ得

第九百四十八條　親族會カ決議ヲ爲スコト能ハサルトキハ會員ハ其決議ニ代ハルヘキ裁判ヲ爲スコトヲ裁判所ニ請求スルコトヲ得

第九百四十九條①第六百四十四條ノ規定ハ親族會員ニ之ヲ準用ス

②無能力者ノ法定代理人ハ親族會ノ同意ヲ得テ爲シタル法律行爲ニ付テモ其責ヲ免ルルコトヲ得ス但法定代理人ニ過失ナカリシトキハ此限ニ在ラス

第八章　扶養ノ義務

第九百五十條①直系ノ血族及ヒ兄弟姉妹ハ互ニ扶養ヲ爲ス義務ヲ負フ

②夫婦ノ一方ト他ノ一方ノ直系尊屬ニシテ其家ニ在ル者トノ間亦同シ

第九百五十一條①扶養ノ義務ヲ負フ者數人アル場合ニ於テハ其義務ヲ履行スヘキ者ノ順序左ノ如シ

第一　配偶者

第二　直系卑屬

第三　直系尊屬

第九百五十一條　親族會ノ決議ニ對シテハ一个月内ニ會員又ハ第九百四十四條ニ掲ケタル者ヨリ其不服ヲ裁判所ニ訴フルコトヲ得

第九百五十二條　〔上に同じ〕

第九百五十三條　第六百四十四條ノ規定ハ親族會員ニ之ヲ準用ス

〔上の第二項は削除〕

第八章　扶養ノ義務

第九百五十四條①直系血族及ヒ兄弟姉妹ハ互ニ扶養ヲ爲ス義務ヲ負フ

②〔上に同じ〕

第九百五十五條①〔上に同じ〕

第四　戸主
第五　前條第二項ニ掲ケタル者
第六　兄弟姉妹
②直系ノ卑屬又ハ尊屬ノ間ニ於テハ其親等ノ最モ近キ者ヲ先ニス前條第二項ニ掲ケタル直系尊屬間亦同シ
第九百五十二條　同順位ノ扶養義務者數人アルトキハ各其資力ニ應シテ其義務ヲ分擔ス但家ニ在ル者ト家ニ在ラサル者トノ間ニ於テハ家ニ在ル者先ツ扶養ヲ爲スコトヲ要ス
第九百五十三條①扶養ヲ受クル權利ヲ有スル者數人アル場合ニ於テ扶養義務者ノ資力カ其全員ヲ扶養スルニ足ラサルトキハ扶養義務者ハ左ノ順序ニ從ヒ扶養ヲ爲スコトヲ要ス
第一　直系尊屬
第二　直系卑屬
第三　配偶者
第四　第九百五十條第二項ニ掲ケタル者
第五　兄弟姉妹
第六　前五號ニ掲ケタル者ニ非サル家族
②第九百五十一條第二項ノ規定ハ前項ノ場合ニ之ヲ準用ス
第九百五十四條①同順位ノ扶養權利者數人アルトキハ各其需要ニ應シテ扶養ヲ受クルコトヲ得

---

②直系卑屬又ハ直系尊屬ノ間ニ於テハ其親等ノ最モ近キ者ヲ先ニス前條第二項ニ掲ケタル直系尊屬間亦同シ
第九百五十六條　〔上に同じ〕
第九百五十七條①扶養ヲ受クル權利ヲ有スル者數人アル場合ニ於テ扶養義務者ノ資力カ其全員ヲ扶養スルニ足ラサルトキハ扶養義務者ハ左ノ順序ニ從ヒ扶養ヲ爲スコトヲ要ス
第一　〔上に同じ〕
第二　〔上に同じ〕
第三　〔上に同じ〕
第四　第九百五十四條第二項ニ掲ケタル者
第五　〔上に同じ〕
第六　〔上に同じ〕
②第九百五十五條第二項ノ規定ハ前項ノ場合ニ之ヲ準用ス
第九百五十八條①〔上に同じ〕

②第九百五十二條但書ノ規定ハ前項ノ場合ニ之ヲ準用ス

第九百五十五條①扶養ノ義務ハ扶養ヲ受クヘキ者カ自己ノ資産又ハ勞務ニ依リテ生活ヲ爲スコト能ハサルトキニノミ存在ス自己ノ資産ニ依リテ教育ヲ受クルコト能ハサルトキ亦同シ

②兄弟姉妹間ニ在リテハ扶養ノ義務ハ扶養ヲ受クル必要カ之ヲ受クヘキ者ノ過失ニ因ラスシテ生シタルトキニノミ存在ス

第九百五十六條　扶養ノ程度ハ扶養權利者ノ需要ト扶養義務者ノ身分及ヒ資力トニ依リテ之ヲ定ム

第九百五十七條　扶養義務者ハ其選擇ニ從ヒ扶養權利者ヲ引取リテ之ヲ養ヒ又ハ之ヲ引取ラスシテ生活ノ資料ヲ給付スルコトヲ要ス但正當ノ事由アルトキハ裁判所ハ扶養權利者ノ請求ニ因リ扶養ノ方法ヲ定ムルコトヲ得

第九百五十八條　扶養ノ程度又ハ方法カ判決ニ因リテ定マリタル場合ニ於テ其判決ノ根據ト爲リタル事情ニ變更ヲ生シタルトキハ當事者ハ其判決ノ變更又ハ取消ヲ請求スルコトヲ得

第九百五十九條　扶養ヲ受クル權利ハ之ヲ處分スルコトヲ得ス

第五編　相續

第一章　家督相續

---

②第九百五十六條但書ノ規定ハ前項ノ場合ニ之ヲ準用ス

第九百五十九條①〔上に同じ〕

②兄弟姉妹間ニ在リテハ扶養ノ義務ハ扶養ヲ受クル必要カ之ヲ受クヘキ者ノ過失ニ因ラスシテ生シタルトキニノミ存在ス但扶養義務者カ戸主ナルトキハ此限ニ在ラス(14)

第九百六十條〔上に同じ〕

第九百六十一條〔上に同じ〕

第九百六十二條〔上に同じ〕

第九百六十三條〔上に同じ〕

第五編　相續

第一章　家督相續

第一節　總則

第九百六十條　家督相續ハ左ノ事由ニ因リテ開始ス

一　戸主ノ死亡、隱居又ハ國籍喪失

二　女戸主ノ入夫婚姻、其取消又ハ入夫ノ離婚

第九百六十一條　家督相續ハ被相續人ノ住所ニ於テ開始ス

第九百六十二條　家督相續回復ノ請求權ハ家督相續人又ハ其法定代理人カ相續權侵害ノ事實ヲ知リタル時ヨリ五年間之ヲ行ハサルトキハ時效ニ因リテ消滅ス相續開始ノ時ヨリ二十年ヲ經過シタルトキ亦同シ

第九百六十三條①相續財産ニ關スル費用ハ其財産中ヨリ之ヲ支辨ス但相續人ノ過失ニ因ルモノハ此限ニ在ラス

②前項ニ掲ケタル費用ハ遺留分權利者カ贈與ノ減殺ニ因リテ得タル財産ヲ以テ之ヲ支辨スルコトヲ要セス

第二節　家督相續人

第九百六十四條①胎兒ハ家督相續ニ付テハ既ニ生マレタルモノト看做ス

②前項ノ規定ハ胎兒カ死體ニテ生マレタルトキハ之ヲ適用セス

第九百六十五條　左ニ掲ケタル者ハ家督相續人タルコトヲ得ス

第一節　總則

第九百六十四條　家督相續ハ左ノ事由ニ因リテ開始ス

一　〔上に同じ〕

二　戸主カ婚姻又ハ養子縁組ノ取消ニ因リテ其家ヲ去リタルトキ

三　女戸主ノ入夫婚姻又ハ入夫ノ離婚[15]

第九百六十五條　〔上に同じ〕

第九百六十六條　〔上に同じ〕

第九百六十七條①相續財産ニ關スル費用ハ其財産中ヨリ之ヲ支辨ス但家督相續人ノ過失ニ因ルモノハ此限ニ在ラス

②〔上に同じ〕

第二節　家督相續人

第九百六十八條　〔上に同じ〕

第九百六十九條　〔上に同じ〕

一　故意ニ被相續人又ハ家督相續ニ付キ先順位ニ在ル者ヲ死ニ致シ又ハ死ニ致サントシタル爲メ刑ニ處セラレタル者

二　被相續人ノ殺害セラレタルコトヲ知リテ之ヲ告發又ハ告訴セサリシ者但其者ニ是非ノ辨別ナキトキ又ハ殺害者カ自己ノ配偶者若クハ直系血族ナリシトキハ此限ニ在ラス

三　詐欺又ハ强迫ニ因リ被相續人カ相續ニ關スル遺言ヲ爲シ、之ヲ取消シ又ハ之ヲ變更スルコトヲ妨ケタル者

四　詐欺又ハ强迫ニ因リ被相續人ヲシテ相續ニ關スル遺言ヲ爲サシメ、之ヲ取消サシメ又ハ之ヲ變更セシメタル者

五　相續ニ關スル被相續人ノ遺言書ヲ僞造、變造、毀滅又ハ藏匿シタル者

第九百六十六條①被相續人ノ家族タル直系卑屬ハ左ノ規定ニ從ヒ家督相續人ト爲ル

一　親等ノ異ナリタル者ノ間ニ在リテハ其近キ者ヲ先ニス

二　親等ノ同シキ者ノ間ニ在リテハ男ヲ先ニス

三　親等ノ同シキ男又ハ女ノ間ニ在リテハ嫡出子ヲ先ニス

第九百七十條①〔上に同じ〕

四　親等ノ同シキ嫡出子、庶子及ヒ私生子ノ間ニ在リテハ嫡出子及ヒ庶子ハ女ト雖モ之ヲ私生子ヨリ先ニス

五　前四號ニ掲ケタル事項ニ付キ相同シキ者ノ間ニ在リテハ年長者ヲ先ニス

②第八百三十四條ノ規定ニ依リ又ハ養子縁組ニ因リテ嫡出子タル身分ヲ取得シタル者ハ家督相續ニ付テハ其嫡出子タル身分ヲ取得シタル時ニ生マレタルモノト看做ス

第九百六十七條　前條ノ規定ハ第七百三十六條ノ適用ヲ妨ケス

第九百六十八條　第七百三十七條及ヒ第七百三十八條ノ規定ニ依リテ家族ト爲リタル直系卑屬ハ嫡出子又ハ庶子タル他ノ直系卑屬ナキ場合ニ限リ第九百六十六條ニ定メタル順序ニ從ヒテ家督相續人ト爲ル

第九百六十九條　法定ノ推定家督相續人ハ其姉妹ノ爲メニスル養子縁組ニ因リテ其相續權ヲ害セラルルコトナシ

第九百七十條　第九百六十六條及ヒ第九百六十八條ノ規定ニ依リテ家督相續人タルヘキ者カ家督相續ノ開始前ニ死亡シ又ハ其相續權ヲ失ヒタル場合ニ於テ其者ニ直系卑屬アルトキハ其直系卑屬ハ第九百六十六條及ヒ第九百六十八條ニ定メタル順序ニ從ヒ其者ト同順位ニ於テ家督相續人ト爲ル

②第八百三十六條ノ規定ニ依リ又ハ養子縁組ニ因リテ嫡出子タル身分ヲ取得シタル者ハ家督相續ニ付テハ其嫡出子タル身分ヲ取得シタル時ニ生マレタルモノト看做ス

第九百七十一條　〔上に同じ〕

第九百七十二條　第七百三十七條及ヒ第七百三十八條ノ規定ニ依リテ家族ト爲リタル直系卑屬ハ嫡出子又ハ庶子タル他ノ直系卑屬ナキ場合ニ限リ第九百七十條ニ定メタル順序ニ從ヒテ家督相續人ト爲ル

第九百七十三條　〔上に同じ〕

第九百七十四條　第九百七十條及ヒ第九百七十二條ノ規定ニ依リテ家督相續人タルヘキ者カ家督相續ノ開始前ニ死亡シ又ハ其相續權ヲ失ヒタル場合ニ於テ其者ニ直系卑屬アルトキハ其直系卑屬ハ第九百七十條及ヒ第九百七十二條ニ定メタル順序ニ從ヒ其者ト同順位ニ於テ家督相續人ト爲ル

第九百七十一條①法定ノ推定家督相續人ニ付キ左ノ事由アルトキハ被相續人ハ其推定家督相續人ノ廢除ヲ裁判所ニ請求スルコトヲ得
一　被相續人ニ對シテ虐待ヲ爲シ又ハ之ニ重大ナル侮辱ヲ加ヘタルコト
二　疾病其他身體又ハ精神ノ狀況ニ因リテ家政ヲ執ルニ堪ヘサルヘキコト
三　家名ニ汚辱ヲ及ホスヘキ罪ニ因リテ刑ニ處セラレタルコト
四　浪費者トシテ準禁治產ノ宣告ヲ受ケ改悛ノ望ナキコト
②此他正當ノ事由アルトキハ被相續人ハ親族會ノ同意ヲ得テ其廢除ヲ請求スルコトヲ得
第九百七十二條　被相續人カ遺言ヲ以テ推定家督相續人ヲ廢除スル意思ヲ表示シタルトキハ遺言執行者ハ其遺言カ效力ヲ生シタル後遲滯ナク裁判所ニ廢除ノ請求ヲ爲スコトヲ要ス此場合ニ於テ廢除ハ被相續人ノ死亡ノ時ニ遡リテ其效力ヲ生ス
第九百七十三條①推定家督相續人廢除ノ原因止ミタルトキハ被相續人又ハ推定家督相續人ハ廢除ノ取消ヲ裁判所ニ請求スルコトヲ得但相續開始ノ後ハ此限ニ在ラス
②第九百七十一條第一項第一號ノ場合ニ於テハ被相續人ハ

第九百七十五條①法定ノ推定家督相續人ニ付キ左ノ事由アルトキハ被相續人ハ其推定家督相續人ノ廢除ヲ裁判所ニ請求スルコトヲ得
一　〔上に同じ〕
二　疾病其他身體又ハ精神ノ狀況ニ因リ[16]家政ヲ執ルニ堪ヘサルヘキコト
三　〔上に同じ〕
四　〔上に同じ〕
②〔上に同じ〕
第九百七十六條　〔上に同じ〕
第九百七十七條①推定家督相續人廢除ノ原因止ミタルトキハ被相續人又ハ推定家督相續人ハ廢除ノ取消ヲ裁判所ニ請求スルコトヲ得
②第九百七十五條第一項第一號ノ場合ニ於テハ被相續人ハ

何時ニテモ廢除ノ取消ヲ請求スルコトヲ得
③前條ノ規定ハ廢除ノ取消ニ之ヲ準用ス
第九百七十四條①推定家督相續人ノ廢除又ハ其取消ノ請求アリタル後其裁判確定前ニ相續カ開始シタルトキハ裁判所ハ親族、利害關係人又ハ檢事ノ請求ニ因リ戶主權ノ行使及ヒ遺産ノ管理ニ付キ必要ナル處分ヲ命スルコトヲ得
廢除ノ遺言アリタルトキ亦同シ
②裁判所カ管理人ヲ選任シタル場合ニ於テハ第二十七條乃至第二十九條ノ規定ヲ準用ス
第九百七十五條①法定ノ推定家督相續人ナキトキハ被相續人ハ家督相續人ヲ指定スルコトヲ得此指定ハ法定ノ推定家督相續人アルニ至リタルトキハ其效力ヲ失フ
②家督相續人ノ指定ハ之ヲ取消スコトヲ得
③前二項ノ規定ハ死亡又ハ隱居ニ因ル家督相續ノ場合ニノミ之ヲ適用ス
第九百七十六條　家督相續人ノ指定及ヒ其取消ハ之ヲ戶籍吏ニ屆出ツルニ因リテ其效力ヲ生ス
第九百七十七條　被相續人カ遺言ヲ以テ家督相續人ノ指定又ハ其取消ヲ爲ス意思ヲ表示シタルトキハ遺言執行者ハ其遺言カ效力ヲ生シタル後遲滯ナク之ヲ戶籍吏ニ屆出ツルコトヲ要ス此場合ニ於テ指定又ハ其取消ハ被相續人ノ

何時ニテモ廢除ノ取消ヲ請求スルコトヲ得
③前二項ノ規定ハ相續開始ノ後ハ之ヲ適用セス
④〔上（第三項）①に同じ〕
第九百七十八條　〔上に同じ〕
第九百七十九條　〔上に同じ〕
第九百八十條　〔上に同じ〕
第九百八十一條　〔上に同じ〕

死亡ノ時ニ遡リテ其效力ヲ生ス

第九百七十八條　法定又ハ指定ノ家督相續人ナキ場合ニ於テ其家ニ被相續人ノ父アルトキハ父、父アラサルトキ又ハ父カ其意思ヲ表示スルコト能ハサルトキハ母、父母共ニアラサルトキ又ハ其意思ヲ表示スルコト能ハサルトキハ親族會ハ左ノ順序ニ從ヒ家族中ヨリ家督相續人ヲ選定ス

第一　配偶者但家女ナルトキ

第二　兄弟

第三　姉妹

第四　第一號ニ該當セサル配偶者

第五　兄弟姉妹ノ直系卑屬

第九百七十九條　家督相續人ヲ選定スヘキ者ハ正當ノ事由アル場合ニ限リ裁判所ノ許可ヲ得テ前條ニ掲ケタル順序ヲ變更シ又ハ選定ヲ爲ササルコトヲ得

第九百八十條　第九百七十八條ノ規定ニ依リテ家督相續人タル者ナキトキハ家ニ在ル直系尊屬中親等ノ最モ近キ者家督相續人ト爲ル但親等ノ同シキ者ノ間ニ在リテハ男ヲ先ニス

第九百八十一條①前條ノ規定ニ依リテ家督相續人タル者ナキトキハ親族會ハ被相續人ノ親族、分家ノ戸主又ハ本家若クハ分家ノ家族中ヨリ家督相續人ヲ選定ス

第九百八十二條　〔上に同じ〕

第九百八十三條　〔上に同じ〕

第九百八十四條　第九百八十二條ノ規定ニ依リテ家督相續人タル者ナキトキハ家ニ在ル直系尊屬中親等ノ最モ近キ者家督相續人ト爲ル但親等ノ同シキ者ノ間ニ在リテハ男ヲ先ニス

第九百八十五條①前條ノ規定ニ依リテ家督相續人タル者ナキトキハ親族會ハ被相續人ノ親族、家族(17)、分家ノ戸主又ハ本家若クハ分家ノ家族中ヨリ家督相續人ヲ選定ス

②前項ニ掲ケタル者ノ中ニ家督相續人タルヘキ者ナキトキハ親族會ハ他人ノ中ヨリ之ヲ選定ス
③親族會ハ正當ノ事由アル場合ニ限リ前二項ノ規定ニ拘ハラス裁判所ノ許可ヲ得テ他人ヲ選定スルコトヲ得

第三節　家督相續ノ效力

第九百八十二條　家督相續人ハ相續開始ノ時ヨリ前戸主ノ有セシ權利義務ヲ承繼ス但前戸主ノ一身ニ專屬セルモノハ此限ニ在ラス

第九百八十三條　系譜、祭具及ヒ墳墓ノ所有權ハ家督相續ノ特權ニ屬ス

第九百八十四條　隱居者及ヒ入夫婚姻ヲ爲ス女戸主ハ公正證書其他確定日附アル證書ニ依リ其財産ヲ留保スルコトヲ得但家督相續人ノ遺留分ニ關スル規定ニ違反スルコトヲ得ス

第九百八十五條①隱居又ハ入夫婚姻ニ因ル家督相續ノ場合ニ於テハ前戸主ノ債權者ハ其前戸主ニ對シテ辨濟ノ請求ヲ爲スコトヲ得
②入夫婚姻ノ取消又ハ入夫ノ離婚ニ因ル家督相續ノ場合ニ於テハ入夫カ戸主タリシ間ニ負擔シタル債務ノ辨濟ハ其入夫ニ對シテ之ヲ請求スルコトヲ得
③前二項ノ規定ハ家督相續人ニ對スル請求ヲ妨ケス

第九百八十六條①國籍喪失者ノ家督相續人ハ戸主權及ヒ家

---

②〔上に同じ〕
③〔上に同じ〕

第三節　家督相續ノ效力

第九百八十六條　〔上に同じ〕

第九百八十七條　〔上に同じ〕

第九百八十八條　隱居者及ヒ入夫婚姻ヲ爲ス女戸主ハ確定日附アル證書ニ依リテ其財産ヲ留保スルコトヲ得但家督相續人ノ遺留分ニ關スル規定ニ違反スルコトヲ得ス

第九百八十九條　〔上に同じ〕

第九百九十條　〔上に同じ〕

督相續ノ特權ニ屬スル權利ノミヲ承繼ス但遺留分及ヒ前戸主カ特ニ指定シタル相續財産ヲ承繼スルコトヲ妨ケス
②國籍喪失者カ日本人ニ非サレハ享有スルコトヲ得サル權利ヲ有スル場合ニ於テ一年内ニ之ヲ日本人ニ讓渡ササルトキハ其權利ハ家督相續人ニ歸屬ス
第九百八十七條　國籍喪失ニ因ル家督相續ノ場合ニ於テハ前戸主ノ債權者ハ家督相續人ニ對シテハ其受ケタル財産ノ限度ニ於テノミ辨濟ノ請求ヲ爲スコトヲ得

第二章　遺産相續

第一節　總則

第九百八十八條　遺産相續ハ家族ノ死亡ニ因リテ開始ス
第九百八十九條　第九百六十一條乃至第九百六十四條ノ規定ハ遺産相續ニ之ヲ準用ス

第二節　遺産相續人

第九百九十條　被相續人ノ直系卑屬ハ左ノ規定ニ從ヒ遺産相續人ト爲ル
一　親等ノ異ナリタル者ノ間ニ在リテハ其近キ者ヲ先ニス
二　親等ノ同シキ者ハ同順位ニ於テ遺産相續人ト爲ル
第九百九十一條　前條ノ規定ニ依リテ相續人タルヘキ者ノ一人又ハ數人カ相續ノ開始前ニ死亡シ又ハ其相續權ヲ失ヒタル場合ニ於テ其者ニ直系卑屬アルトキハ其直系卑屬

第九百九十一條　〔上に同じ〕

第二章　遺産相續

第一節　總則

第九百九十二條　〔上に同じ〕
第九百九十三條　第九百六十五條乃至第九百六十八條ノ規定ハ遺産相續ニ之ヲ準用ス

第二節　遺産相續人

第九百九十四條　〔上に同じ〕
第九百九十五條　前條ノ規定ニ依リテ遺産相續人タルヘ[18]キ者カ相續ノ開始前ニ死亡シ又ハ其相續權ヲ失ヒタル場合ニ於テ其者ニ直系卑屬アルトキハ其直系卑屬ハ前條ノ

ハ前條ノ規定ニ従ヒ其者ト同順位ニ於テ遺産相續人ト為ル

第九百九十二條①前二條ノ規定ニ依リテ相續人タルヘキ者ナキ場合ニ於テ遺産相續ヲ為スヘキ者ノ順位左ノ如シ

第一　配偶者

第二　直系尊屬

第三　戶主

②前項第二號ノ場合ニ於テハ第九百九十條[20]ノ規定ヲ準用ス

第九百九十三條　左ニ掲ケタル者ハ遺産相續人タルコトヲ得ス

一　故意ニ被相續人又ハ遺産相續ニ付キ先順位若クハ同順位ニ在ル者ヲ死ニ致シ又ハ死ニ致サントシタル為メ刑ニ處セラレタル者

二　第九百六十五條第二號乃至第五號ニ掲ケタル者

第九百九十四條　遺留分ヲ有スル推定遺産相續人カ被相續人ニ對シテ虐待ヲ為シ又ハ之ニ重大ナル侮辱ヲ加ヘタルトキハ被相續人ハ其推定遺産相續人ノ廢除ヲ裁判所ニ請求スルコトヲ得

第九百九十五條　被相續人ハ何時ニテモ推定遺産相續人廢除ノ取消ヲ裁判所ニ請求スルコトヲ得

規定ニ従ヒ其者ト同順位ニ於テ遺産相續人ト為ル

第九百九十六條①前二條ノ規定ニ依リテ遺産相續人タルヘキ者[19]ナキ場合ニ於テ遺産相續ヲ為スヘキ者ノ順位左ノ如シ

第一　配偶者

第二　直系尊屬

第三　戶主

②前項第二號ノ場合ニ於テハ第九百九十四條ノ規定ヲ準用ス

第九百九十七條　左ニ掲ケタル者ハ遺産相續人タルコトヲ得ス

一　〔上に同じ〕

二　第九百六十九條第二號乃至第五號ニ掲ケタル者

第九百九十八條　〔上に同じ〕

第九百九十九條　〔上に同じ〕

第九百九十六條　第九百七十二條及ヒ第九百七十四條ノ規定ハ推定遺産相續人ノ廢除及ヒ其取消ニ之ヲ準用ス

第三節　遺産相續ノ效力

第一款　總則

第九百九十七條　遺産相續人ハ相續開始ノ時ヨリ被相續人ノ財産ニ屬セシ一切ノ權利義務ヲ承繼ス但被相續人ノ一身ニ專屬セシモノハ此限ニ在ラス

第九百九十八條　遺産相續人數人アルトキハ相續財産ハ其共有ニ屬ス

第九百九十九條　各共同相續人ハ其相續分ニ應シテ被相續人ノ權利義務ヲ承繼ス

第二款　相續分

第千條　同順位ノ相續人數人アルトキハ其各自ノ相續分ハ相均シキモノトス但直系卑屬數人アルトキハ庶子及ヒ私生子ノ相續分ハ嫡出子ノ相續分ノ二分ノ一トス

第千一條　第九百九十一條ノ規定ニ依リテ相續人タル直系卑屬ノ相續分ハ其直系尊屬カ受クヘカリシモノニ同シ但直系卑屬數人アルトキハ其相續分ハ前條ノ規定ニ從ヒ各自ノ直系尊屬カ受クヘカリシ部分ニ付キ之ヲ定ム

第千二條①被相續人ハ前二條ノ規定ニ拘ハラス遺言ヲ以テ共同相續人ノ相續分ヲ定メ又ハ之ヲ定ムルコトヲ第三者ニ委託スルコトヲ得但被相續人又ハ第三者ハ遺留分ニ關

第千條　第九百七十六條及ヒ第九百七十八條ノ規定ハ推定遺産相續人ノ廢除及ヒ其取消ニ之ヲ準用ス

第三節　遺産相續ノ效力

第一款　總則

第千一條　〔上に同じ〕

第千二條　〔上に同じ〕

第千三條　〔上に同じ〕

第二款　相續分

第千四條　〔上に同じ〕

第千五條　第九百九十五條ノ規定ニ依リテ相續人タル直系卑屬ノ相續分ハ其直系尊屬カ受クヘカリシモノニ同シ但直系卑屬數人アルトキハ其各自ノ直系尊屬カ受クヘカリシ部分ニ付キ前條ノ規定ニ從ヒテ其相續分ヲ定ム

第千六條　〔上に同じ〕

スル規定ニ違反スルコトヲ得ス
②被相續人カ共同相續人中ノ一人若クハ數人ノ相續分ノミヲ定メ又ハ之ヲ定メシメタルトキハ他ノ共同相續人ノ相續分ハ前二條ノ規定ニ依リテ之ヲ定ム
第千三條①共同相續人中被相續人ヨリ遺贈ヲ受ケ又ハ婚姻、養子縁組、分家、廢絶家再興ノ爲メ若クハ生計ノ資本トシテ贈與ヲ受ケタル者アルトキハ被相續人カ相續開始ノ時ニ於テ有セシ財産ノ價額ニ其遺贈又ハ贈與ノ價額ヲ加ヘタルモノヲ相續財産ト看做シ前三條ノ規定ニ依リテ算定シタル相續分ノ中ヨリ其遺贈又ハ贈與ノ價額ヲ控除シ其殘額ヲ以テ其者ノ相續分トス
②遺贈又ハ贈與ノ價額カ相續分ノ價額ニ超ユルトキハ受遺者又ハ受贈者ハ其相續分ヲ受クルコトヲ得ス
③前二項ノ規定ハ被相續人カ反對ノ意思ヲ表示シタルトキハ之ヲ適用セス
第千四條　前條ニ掲ケタル贈與ノ價額ハ其目的タル財産カ受贈者ノ行爲ニ因リ滅失(21)シ又ハ其價格ノ增減アリタルトキト雖モ相續開始ノ當時仍ホ原狀ニテ存スルモノト看做シテ之ヲ定ム
第千五條①共同相續人ノ一人カ分割前ニ其相續分ヲ第三者

第千七條①共同相續人中被相續人ヨリ遺贈ヲ受ケ又ハ婚姻、養子縁組、分家、廢絶家再興ノ爲メ若クハ生計ノ資本トシテ贈與ヲ受ケタル者アルトキハ被相續人カ相續開始ノ時ニ於テ有セシ財産ノ價額ニ其贈與ノ價額ヲ加ヘタルモノヲ相續財産ト看做シ前三條ノ規定ニ依リテ算定シタル相續分ノ中ヨリ其遺贈又ハ贈與ノ價額ヲ控除シ其殘額ヲ以テ其者ノ相續分トス
②遺贈又ハ贈與ノ價額カ相続分ノ價額ニ等シク又ハ之ニ超ユルトキハ受遺者又ハ受贈者ハ其相續分ヲ受クルコトヲ得ス
③被相續人カ前二項ノ規定ニ異ナリタル意思ヲ表示シタルトキハ其意思表示ハ遺留分ニ關スル規定ニ反セサル範圍内ニ於テ其效力ヲ有ス
第千八條　前條ニ掲ケタル贈與ノ價額ハ受贈者ノ行爲ニ因リ其目的タル財産カ滅失シ又ハ其價格ノ增減アリタルトキト雖モ相續開始ノ當時仍ホ原狀ニテ存スルモノト看做シテ之ヲ定ム
第千九條　〔上に同じ〕

ニ讓渡シタルトキハ他ノ共同相續人ハ其價額及ヒ費用ヲ償還シテ其相續分ヲ讓受クルコトヲ得

②前項ニ定メタル權利ハ一个月内ニ之ヲ行使スルコトヲ要ス

第三款　遺産ノ分割

第千六條　被相續人ハ遺言ヲ以テ分割ノ方法ヲ定メ又ハ之ヲ定ムルコトヲ第三者ニ委託スルコトヲ得

第千七條　被相續人ハ遺言ヲ以テ相續開始ノ時ヨリ五年ヲ超エサル期間内分割ヲ禁スルコトヲ得

第千八條　遺産ノ分割ハ相續開始ノ時ニ遡リテ其效力ヲ生ス

第千九條　各共同相續人ハ相續開始前ヨリ存スル事由ニ付キ他ノ共同相續人ニ對シ賣主ト同シク其相續分ニ應シテ擔保ノ責ニ任ス

第千十條①各共同相續人ハ其相續分ニ應シ他ノ共同相續人カ分割ニ因リテ受ケタル債權ニ付キ分割ノ當時ニ於ケル債務者ノ資力ヲ擔保ス

②辨濟期ニ至ラサル債權ニ付テハ各共同相續人ハ辨濟ノ期日ニ於ケル債務者ノ資力ヲ擔保ス

第千十一條　擔保ノ責ニ任スル共同相續人中償還ヲ爲ス資力ナキ者アルトキハ其償還スルコト能ハサル部分ハ求償

第三款　遺産ノ分割

第千十條〔上に同じ〕

第千十一條〔上に同じ〕

第千十二條〔上に同じ〕

第千十三條〔上に同じ〕

第千十四條①〔上に同じ〕

②辨濟期ニ在ラサル債權及ヒ停止條件附債權ニ付テハ各共同相續人ハ辨濟ヲ爲スヘキ時ニ於ケル債務者ノ資力ヲ擔保ス

第千十五條〔上に同じ〕

者及ヒ他ノ資力アル者各其相續分ニ應シテ之ヲ分擔ス但
求償者ニ過失アルトキハ他ノ共同相續人ニ對シテ分擔ヲ
請求スルコトヲ得ス

第千十二條　前三條ノ規定ハ被相續人カ遺言ヲ以テ別段ノ
意思ヲ表示シタルトキハ之ヲ適用セス

第三章　相續ノ承認及ヒ抛棄

第一節　總則

第千十三條①相續人ハ相續權ノ發生ヲ知リタル時ヨリ三个
月内ニ單純若クハ限定ノ承認又ハ抛棄ヲ爲スコトヲ要ス
但此期間ハ利害關係人又ハ檢事ノ請求ニ因リ裁判所ニ於
テ之ヲ伸長スルコトヲ得

②相續人ハ承認又ハ抛棄ヲ爲ス前ニ於テ相續財産ノ調査ヲ
爲スコトヲ得

第千十四條　相續人カ承認又ハ抛棄ヲ爲ス前ニ死亡シタル
トキハ前條第一項ノ期間ハ其者ノ相續人カ自己ノ相續權
ノ發生ヲ知リタル時ヨリ之ヲ起算ス

第千十五條　相續人カ無能力者ナルトキハ第千十三條第一
項ノ期間ハ其法定代理人カ相續權ノ發生ヲ知リタル時ヨ
リ之ヲ起算ス

第千十六條　法定家督相續人ハ抛棄ヲ爲スコトヲ得ス但第
九百八十條ニ掲ケタル者ハ此限ニ在ラス

第千十七條①相續人ハ承認又ハ抛棄ヲ爲スマテハ其固有財

第千十六條〔上に同じ〕

第三章　相續ノ承認及ヒ抛棄

第一節　總則

第千十七條①相續人ハ自己ノ爲メニ相續ノ開始アリタルコ
トヲ知リタル時ヨリ三个月内ニ單純若クハ限定ノ承認又
ハ抛棄ヲ爲スコトヲ要ス但此期間ハ利害關係人又ハ檢事
ノ請求ニ因リ裁判所ニ於テ之ヲ伸長スルコトヲ得

②相續人ハ承認又ハ抛棄ヲ爲ス前ニ相續財産ノ調査ヲ爲ス
コトヲ得

第千十八條　相續人カ承認又ハ抛棄ヲ爲サスシテ死亡シタ
ルトキハ前條第一項ノ期間ハ其者ノ相續人カ自己ノ爲メ
ニ相續ノ開始アリタルコトヲ知リタル時ヨリ之ヲ起算ス

第千十九條　相續人カ無能力者ナルトキハ第千十七條第一
項ノ期間ハ其法定代理人カ無能力者ノ爲メニ相續ノ開始
アリタルコトヲ知リタル時ヨリ之ヲ起算ス

第千二十條　法定家督相續人ハ抛棄ヲ爲スコトヲ得ス但第
九百八十四條ニ掲ケタル者ハ此限ニ在ラス

第千二十一條①相續人ハ其固有財産ニ於ケルト同一ノ注意

産ニ於ケルト同一ノ注意ヲ以テ相續財産ヲ管理スルコトヲ要ス

②裁判所ハ利害關係人又ハ檢事ノ請求ニ因リ何時ニテモ相續財産ノ保存ニ必要ナル處分ヲ命スルコトヲ得

③裁判所カ管理人ヲ選任シタル場合ニ於テハ第二十七條乃至第二十九條ノ規定ヲ準用ス

第千十八條①承認及ヒ拋棄ハ第千十三條第一項ノ期間内ト雖モ之ヲ取消スコトヲ得ス

②前項ノ規定ハ第一編及ヒ前編ノ規定ニ依リテ承認又ハ拋棄ノ取消ヲ爲スコトヲ妨ケス但其取消權ハ追認ヲ爲スコトヲ得ル時ヨリ六个月間之ヲ行ハサルトキハ時效ニ因リテ消滅ス承認又ハ拋棄ノ時ヨリ十年ヲ經過シタルトキ亦同シ

第二節　承認

第一款　單純承認

第千十九條　相續人カ單純ニ承認ヲ爲シタルトキハ無限ニ被相續人ノ權利義務ヲ承繼ス

第千二十條　左ニ掲ケタル場合ニ於テハ相續人ハ單純承認ヲ爲シタルモノト看做ス

一　相續人カ相續財産ノ全部又ハ一部ヲ處分シタルトキ但保存行爲及ヒ第六百二條ニ定メタル期間ヲ超エサル賃貸ヲ爲スハ此限ニ在ラス

ヲ以テ相續財産ヲ管理スルコトヲ要ス但承認又ハ拋棄ヲ爲シタルトキハ此限ニ在ラス

②〔上に同じ〕

③〔上に同じ〕

第千二十二條①承認及ヒ拋棄ハ第千十七條第一項ノ期間内ト雖モ之ヲ取消スコトヲ得ス

②〔上に同じ〕

第二節　承認

第一款　單純承認

第千二十三條　相續人カ單純承認ヲ爲シタルトキハ無限ニ被相續人ノ權利義務ヲ承繼ス

第千二十四條　左ニ掲ケタル場合ニ於テハ相續人ハ單純承認ヲ爲シタルモノト看做ス

一　〔上に同じ〕

二　相續人カ第千十三條第一項ノ期間内ニ限定承認又ハ拋棄ヲ爲ササリシトキ
三　相續人カ限定承認又ハ拋棄ヲ爲シタル後ト雖モ相續財産ノ全部若クハ一部ヲ隱匿シ、私ニ之ヲ消費シ又ハ惡意ヲ以テ之ヲ財産目録中ニ記載セサリシトキ但相續人カ拋棄ヲ爲シタルニ因リテ相續權ヲ得タル者カ承認ヲ爲シタル後ハ此限ニ在ラス

第二款　限定承認

第千二十一條　相續人ハ相續開始ノ時ニ於テ被相續人カ有セシ財産ノ限度ニ於テノミ被相續人ノ債務及ヒ遺贈ヲ辨濟スヘキ責任ヲ以テ承認ヲ爲スコトヲ得

第千二十二條　相續人カ限定承認ヲ爲サント欲スルトキハ第千十三條第一項ノ期間内ニ財産目録ヲ調製シテ之ヲ相續開始地ノ裁判所ニ提出シ限定承認ヲ爲ス旨ヲ申述スルコトヲ要ス

第千二十三條　相續人カ限定承認ヲ爲シタルトキハ其被相續人ニ對シテ有セシ權利義務ハ消滅セサリシモノト看做ス

第千二十四條①限定承認者ハ其固有財産ニ於ケルト同一ノ注意ヲ以テ相續財産ノ管理ヲ繼續スルコトヲ要ス
②第千十七條第二項及ヒ第三項ノ規定ハ前項ノ場合ニ之ヲ準用ス

二　相續人カ第千十七條第一項ノ期間内ニ限定承認又ハ拋棄ヲ爲ササリシトキ
三　相續人カ限定承認又ハ拋棄ヲ爲シタル後ト雖モ相續財産ノ全部若クハ一部ヲ隱匿シ、私ニ之ヲ消費シ又ハ惡意ヲ以テ之ヲ財産目録中ニ記載セサリシトキ但其相續人カ拋棄ヲ爲シタルニ因リテ相續人ト爲リタル者カ承認ヲ爲シタル後ハ此限ニ在ラス

第二款　限定承認

第千二十五條　相續人ハ相續ニ因リテ得タル財産ノ限度ニ於テノミ被相續人ノ債務及ヒ遺贈ヲ辨濟スヘキコトヲ留保シテ承認ヲ爲スコトヲ得

第千二十六條　相續人カ限定承認ヲ爲サント欲スルトキハ第千十七條第一項ノ期間内ニ財産目録ヲ調製シテ之ヲ裁判所ニ提出シ限定承認ヲ爲ス旨ヲ申述スルコトヲ要ス

第千二十七條〔上に同じ〕

第千二十八條①〔上に同じ〕
②第六百四十五條、第六百四十六條、第六百五十條第一項、第二項及ヒ第千二十一條第二項、第三項ノ規定ハ前項ノ(22)

③第六百四十五條、第六百四十六條及ヒ第六百五十條第一項、第二項ノ規定ハ限定承認者ト相續債權者及ヒ受遺者トノ間ニ之ヲ準用ス

第千二十五條①限定承認者ハ限定承認ヲ爲シタル後五日内ニ一切ノ相續債權者及ヒ受遺者ニ對シ限定承認ヲ爲シタルコト及ヒ一定ノ期間内ニ其請求ノ申出ヲ爲スヘキ旨ヲ相續開始地ニ於テ公告スルコトヲ要ス但其期間ハ二个月ヲ下ルコトヲ得ス

②第七十九條第二項及ヒ第三項ノ規定ハ前項ノ場合ニ之ヲ準用ス

第千二十六條　限定承認者ハ前條第一項ノ期間滿了前ニハ相續債權者及ヒ受遺者ニ對シテ辨濟ヲ拒ムコトヲ得

第千二十七條　第千二十五條第一項ノ期間滿了ノ後ハ限定承認者ハ相續財産ヲ以テ其期間内ニ申出テタル債權者其他知レタル債權者ニ各其債權額ノ割合ニ應シテ辨濟ヲ爲スコトヲ要ス但優先權ヲ有スル債權者ノ權利ヲ害スルコトヲ得ス

第千二十八條①限定承認者ハ辨濟期ノ未タ至ラサル債權ト雖モ前條ノ規定ニ依リテ之ヲ辨濟スルコトヲ要ス

②條件附債權又ハ存續期間ノ不確定ナル債權ハ裁判所ニ於テ選任シタル鑑定人ノ評價ニ從ヒテ之ヲ辨濟スルコトヲ要ス

場合ニ之ヲ準用ス

第千二十九條①限定承認者ハ限定承認ヲ爲シタル後五日内ニ一切ノ相續債權者及ヒ受遺者ニ對シ限定承認ヲ爲シタルコト及ヒ一定ノ期間内ニ其請求ノ申出ヲ爲スヘキ旨ヲ公告スルコトヲ要ス但其期間ハ二个月ヲ下ルコトヲ得ス

②〔上に同じ〕

第千三十條〔上に同じ〕

第千三十一條　第千二十九條第一項ノ期間滿了ノ後ハ限定承認者ハ相續財産ヲ以テ其期間内ニ申出テタル債權者其他知レタル債權者ニ各其債權額ノ割合ニ應シテ辨濟ヲ爲スコトヲ要ス但優先權ヲ有スル債權者ノ權利ヲ害スルコトヲ得ス

第千三十二條①限定承認者ハ辨濟期ニ至ラサル債權ト雖モ前條ノ規定ニ依リテ之ヲ辨濟スルコトヲ要ス

②〔上に同じ〕

第千二十九條　限定承認者ハ前二條ノ規定ニ依リテ各債權者ニ辨濟ヲ爲シタル後ニ非サレハ受遺者ニ辨濟ヲ爲スコトヲ得ス

第千三十條　前三條ノ規定ニ從ヒテ辨濟ヲ爲スニ付キ相續財産ノ賣却ヲ必要トスルトキハ限定承認者ハ之ヲ競賣ニ付スルコトヲ要ス但裁判所ニ於テ選任シタル鑑定人ノ評價ニ從ヒ相續財産ノ全部又ハ一部ノ價額ヲ辨濟シテ其競賣ヲ止ムルコトヲ得

第千三十一條　相續債權者及ヒ受遺者ハ自己ノ費用ヲ以テ相續財産ノ競賣又ハ鑑定ニ參加スルコトヲ得此場合ニ於テハ第二百六十條第二項ノ規定ヲ準用ス

第千三十二條①限定承認者カ第千二十五條ニ定メタル公告若クハ催告ヲ爲スコトヲ怠リ又ハ同條ノ規定ニ依リテ定メタル期間内ニ或債權者若クハ受遺者ニ辨濟ヲ爲シタルニ因リ他ノ債權者若クハ受遺者ニ辨濟ヲ爲スコト能ハサルニ至リタルトキハ之ニ因リテ生シタル損害ヲ賠償スル責ニ任ス第千二十七條乃至第千二十九條ノ規定ニ違反シテ辨濟ヲ爲シタルトキ亦同シ

②前項ノ規定ハ情ヲ知リテ不當ニ辨濟ヲ受ケタル債權者又ハ受遺者ニ對スル他ノ債權者又ハ受遺者ノ求償ヲ妨ケス

③第七百二十四條ノ規定ハ前二項ノ場合ニモ亦之ヲ適用ス

第千三十三條　第千二十五條第一項ノ期間内ニ申出テサリ

第千三十三條　〔上に同じ〕

第千三十四條　〔上に同じ〕

第千三十五條　〔上に同じ〕

第千三十六條①限定承認者カ第千二十九條ニ定メタル公告若クハ催告ヲ爲スコトヲ怠リ又ハ同條第一項ノ期間[23]内ニ或債權者若クハ受遺者ニ辨濟ヲ爲シタルニ因リ他ノ債權者若クハ受遺者ニ辨濟ヲ爲スコト能ハサルニ至リタルトキハ之ニ因リテ生シタル損害ヲ賠償スル責ニ任ス第千三十條[24]乃至第千三十三條ノ規定ニ違反シテ辨濟ヲ為シタルトキ亦同シ

②〔上に同じ〕

③〔上に同じ〕

第千三十七條　第千二十九條第一項ノ期間内ニ申出テサリ

シ債權者及ヒ受遺者ニシテ限定承認者ニ知レサリシ者ハ殘餘財産ニ付テノミ其權利ヲ行フコトヲ得但相續財産ニ付キ特別擔保ヲ有スル者ハ此限ニ在ラス

第三節　拋棄

第千三十四條　相續ノ拋棄ヲ爲サント欲スル者ハ相續開始地ノ裁判所ニ其旨ヲ申述スルコトヲ要ス

第千三十五條①相續ノ拋棄ハ相續開始ノ時ニ遡リテ其效力ヲ生ス

②數人ノ遺産相續人アル場合ニ於テ其一人カ拋棄ヲ爲シタルトキハ其拋棄シタル相續分ハ他ノ相續人ノ相續分ニ應シテ之ニ歸屬ス

第千三十六條①相續ノ拋棄ヲ爲シタル者ハ其拋棄ニ因リテ相續人ト爲ル者カ相續財産ノ管理ヲ始ムルコトヲ得ルマテ自己ノ財産ニ於ケルト同一ノ注意ヲ以テ其財産ノ管理ヲ繼續スルコトヲ要ス

②第六百四十五條、第六百四十六條、第六百五十條第一項、第二項及ヒ第千十七條第二項、第三項ノ規定ハ前項ノ場合ニ之ヲ準用ス

第四章　財産ノ分離

第千三十七條①相續債權者又ハ受遺者ハ相續開始ノ時ヨリ三个月内ニ相續人ノ財産中ヨリ相續財産ヲ分離センコトヲ裁判所ニ請求スルコトヲ得其期間滿了ノ後ト雖モ相續

シ債權者及ヒ受遺者ニシテ限定承認者ニ知レサリシ者ハ殘餘財産ニ付テノミ其權利ヲ行フコトヲ得但相續財産ニ付キ特別擔保ヲ有スル者ハ此限ニ在ラス

第三節　拋棄

第千三十八條　相續ノ拋棄ヲ爲サント欲スル者ハ其旨ヲ裁判所ニ申述スルコトヲ要ス

第千三十九條①拋棄ハ相續開始ノ時ニ遡リテ其效力ヲ生ス

②數人ノ遺産相續人アル場合ニ於テ其一人カ拋棄ヲ爲シタルトキハ其相續分ハ他ノ相續人ノ相續分ニ應シテ之ニ歸屬ス

第千四十條①相續ノ拋棄ヲ爲シタル者ハ其拋棄ニ因リテ相續人ト爲リタル者カ相續財産ノ管理ヲ始ムルコトヲ得ルマテ自己ノ財産ニ於ケルト同一ノ注意ヲ以テ其財産ノ管理ヲ繼續スルコトヲ要ス

②第六百四十五條、第六百四十六條、第六百五十條第一項、第二項及ヒ第千二十一條第二項、第三項ノ規定ハ前項ノ場合ニ之ヲ準用ス

第四章　財産ノ分離

第千四十一條　〔上に同じ〕

財産カ相續人ノ固有財産ト混合セサル間亦同シ

②裁判所カ前項ノ請求ニ因リテ財産ノ分離ヲ命シタルトキハ其請求ヲ爲シタル者ハ五日内ニ他ノ相續債權者及ヒ受遺者ニ對シ財産分離ノ命令アリタルコト及ヒ一定ノ期間内ニ配當加入ノ申出ヲ爲スヘキ旨ヲ公告スルコトヲ要ス但其期間ハ二个月ヲ下ルコトヲ得ス

第千三十八條　財産分離ノ請求ヲ爲シタル者及ヒ前條第二項ノ規定ニ依リテ配當加入ノ申出ヲ爲シタル者ハ相續財産ニ付キ相續人ノ債權者ニ先チテ辨濟ヲ受クル權利ヲ有ス

第千三十九條①財産分離ノ請求アリタルトキハ裁判所ハ相續財産ノ管理ニ付キ必要ナル處分ヲ命スルコトヲ得

②裁判所カ管理人ヲ選任シタル場合ニ於テハ第二十七條乃至第二十九條ノ規定ヲ準用ス

第千四十條①相續人ハ單純承認ヲ爲シタル後ト雖モ財産分離ノ請求アリタルトキハ爾後其固有財産ニ於ケルト同一ノ注意ヲ以テ相續財産ノ管理ヲ爲スコトヲ要ス但裁判所ニ於テ管理人ヲ選任シタルトキハ此限ニ在ラス

②第六百四十五條乃至第六百四十七條及ヒ第六百五十條第一項、第二項ノ規定ハ相續財産ノ管理ヲ爲ス相續人ト財産分離ノ請求ヲ爲シタル者及ヒ配當加入ノ申出ヲ爲シタル者トノ間ニ之ヲ準用ス

第千四十二條　財産分離ノ請求ヲ爲シタル者及ヒ前條第二項ノ規定ニ依リテ配當加入ノ申出ヲ爲シタル者ハ相續財産ニ付キ相續人ノ債權者ニ先チテ辨濟ヲ受ク

第千四十三條〔上に同じ〕

第千四十四條①〔上に同じ〕

②第六百四十五條乃至第六百四十七條及ヒ第六百五十條第一項、第二項ノ規定ハ前項ノ場合ニ之ヲ準用ス

第千四十一條　財産ノ分離ハ不動産ニ付テハ其登記ヲ為スニ非サレハ之ヲ以テ第三者ニ對抗スルコトヲ得ス

第千四十二條　第三百四條ノ規定ハ財産分離ノ場合ニ之ヲ準用ス

第千四十三條①相續人ハ第千三十七條第一項及ヒ第二項ノ期間滿了前ニハ相續債權者及ヒ受遺者ニ對シテ辨濟ヲ拒ムコトヲ得

②財産分離ノ請求アリタルトキハ相續人ハ第千三十七條第二項ノ期間滿了ノ後相續財産ヲ以テ財産分離ノ請求又ハ配當加入ノ申出ヲ爲シタル債權者及ヒ受遺者ニ各其債權ノ割合ニ應シテ辨濟ヲ爲スコトヲ要ス但優先權ヲ有スル債權者ノ權利ヲ害スルコトヲ得ス

③第千二十八條乃至第千三十二條ノ規定ハ前項ノ場合ニ之ヲ準用ス

第千四十四條　財産分離ノ請求ヲ爲シタル者及ヒ配當加入ノ申出ヲ爲シタル者ハ相續財産ヲ以テ全部ノ辨濟ヲ受クルコト能ハサリシ場合ニ非サレハ相續人ニ對シテ其權利ヲ行フコトヲ得ス但相續人ノ債權者ハ之ニ先チテ辨濟ヲ受クルコトヲ得

第千四十五條　相續人ハ其固有財産ヲ以テ相続債權者若クハ受遺者ニ辨濟ヲ爲シ又ハ之ニ相當ノ擔保ヲ供シテ財産分離ノ請求ヲ防止シ又ハ其效力ヲ消滅セシムルコトヲ得

第千四十五條　〔上に同じ〕

第千四十六條　〔上に同じ〕

第千四十七條①相續人ハ第千四十一條第一項及ヒ第二項ノ期間滿了前ニハ相續債權者及ヒ受遺者ニ對シテ辨濟ヲ拒ムコトヲ得

②財産分離ノ請求アリタルトキハ相續人ハ第千四十一條第二項ノ期間滿了ノ後相續財産ヲ以テ財産分離ノ請求又ハ配當加入ノ申出ヲ爲シタル債權者及ヒ受遺者ニ各其債權ノ割合ニ應シテ辨濟ヲ為スコトヲ要ス但優先權ヲ有スル債權者ノ權利ヲ害スルコトヲ得ス

③第千三十二條乃至第千三十六條ノ規定ハ前項ノ場合ニ之ヲ準用ス

第千四十八條　財産分離ノ請求ヲ爲シタル者及ヒ配當加入ノ申出ヲ爲シタル者ハ相續財産ヲ以テ全部ノ辨濟ヲ受クルコト能ハサリシ場合ニ限リ相續人ノ固有財産ニ付キ其權利ヲ行フコトヲ得此場合ニ於テハ相續人ノ債權者ハ其者ニ先チテ辨濟ヲ受クルコトヲ得

第千四十九條　〔上に同じ〕

但相續人ノ債權者カ之ニ因リテ損害ヲ受クヘキコトヲ證明シテ異議ヲ述ヘタルトキハ此限ニ在ラス

第千四十六條①相續人カ限定承認ヲ爲スコトヲ得ル間又ハ相續財産カ相續人ノ固有財産ト混合セサル間ハ其債權者ハ財産分離ノ請求ヲ爲スコトヲ得

②第千二十三條、第千二十五條乃至第千三十二條、第千三十九條及ヒ第千四十四條ノ規定ハ前項ノ場合ニ之ヲ準用ス但第千二十五條ノ規定ニ依リ爲スヘキ公告及ヒ催告ハ財産分離ノ請求ヲ爲シタル債權者ニ於テ之ヲ爲スコトヲ要ス

第五章　相續人ノ曠缺

第千四十七條　相續人アルコト分明ナラサルトキハ相續財産ハ之ヲ法人トス

第千四十八條①前條ノ場合ニ於テハ裁判所ハ利害關係人又ハ檢事ノ請求ニ因リ相續財産ノ管理人ヲ選任スルコトヲ要ス

②裁判所ハ遲滯ナク管理人ノ選任ヲ公告スルコトヲ要ス

第千四十九條　第二十七條乃至第二十九條ノ規定ハ相續財産ノ管理人ニ之ヲ準用ス

第千五十條　管理人ハ相續債權者又ハ受遺者ノ請求アルトキハ之ニ相續財産ノ狀況ヲ報告スルコトヲ要ス

第千五十一條　〔第一〇五三条のあとに掲げる〕

第千五十條①〔上に同じ〕

②第三百四條、第千二十七條、第千二十九條乃至第千三十六條、第千四十三條乃至第千四十五條及ヒ第千四十八條ノ規定ハ前項ノ場合ニ之ヲ準用ス但第千二十九條ニ定メタル公告及ヒ催告ハ財産分離ノ請求ヲ爲シタル債權者之ヲ爲スコトヲ要ス

第五章　相續人ノ曠缺

第千五十一條〔上に同じ〕

第千五十二條〔上に同じ〕

第千五十三條〔上に同じ〕

第千五十四條〔上に同じ〕

第千五十二條　相續人アルコト確實ナルニ至リタルトキハ法人ハ存立セサリシモノト看做ス但管理人カ其權限内ニ於テ爲シタル行爲ノ效力ヲ妨ケス

第千五十三條①管理人ノ代理權ハ相續人カ現出シテ相續ノ承認ヲ爲シタル時ニ於テ消滅ス

②前項ノ場合ニ於テハ管理人ハ遅滯ナク相續人ニ對シテ管理ノ計算ヲ爲スコトヲ要ス

第千五十一條①第千四十八條第二項ニ定メタル公告アリタル後二個月内ニ相續人カ現出セサルトキハ管理人ハ遅滯ナク相續開始地ニ於テ一切ノ相續債權者及ヒ受遺者ニ對シ一定ノ期間内ニ其請求ノ申出ヲ爲スヘキ旨ヲ公告スルコトヲ要ス但其期間ハ二個月ヲ下ルコトヲ得ス

②第七十九條第二項、第三項及ヒ第千二十六條乃至第千三十三條ノ規定ハ前項ノ場合ニ之ヲ準用ス但第千三十條但書ノ規定ハ此限ニ在ラス

第千五十四條　第千五十一條第一項ノ規定ニ依リテ定メタル期間滿了ノ後仍ホ相續人アルコト分明ナラサルトキハ裁判所ハ管理人又ハ檢事ノ請求ニ因リ相續權ヲ有スル者アラハ一定ノ期間内ニ其權利ヲ主張スヘキ旨ヲ公告スルコトヲ要ス但其期間ハ一年ヲ下ルコトヲ得ス

第千五十五條①前條ノ期間内ニ相續權ヲ主張スル者ナキトキハ相續財産ハ國庫ニ歸屬ス此場合ニ於テハ第千五十三

第千五十五條　相續人アルコト分明ナルニ至リタルトキハ法人ハ存立セサリシモノト看做ス但管理人カ其權限内ニ於テ爲シタル行爲ノ效力ヲ妨ケス

第千五十六條①管理人ノ代理權ハ相續人カ相續ノ承認ヲ爲シタル時ニ於テ消滅ス

②〔上に同じ〕

第千五十七條①第千五十二條第二項ニ定メタル公告アリタル後二個月内ニ相續人アルコト分明ナルニ至ラサルトキハ管理人ハ遅滯ナク一切ノ相續債權者及ヒ受遺者ニ對シ一定ノ期間内ニ其請求ノ申出ヲ爲スヘキ旨ヲ公告スルコトヲ要ス但其期間ハ二個月ヲ下ルコトヲ得ス

②第七十九条第二項、第三項及ヒ第千三十條乃至第千三十七條ノ規定ハ前項ノ場合ニ之ヲ準用ス但第千三十四條但書ノ規定ハ此限ニ在ラス

第千五十八條　前條第一項ノ期間[25]滿了ノ後仍ホ相續人アルコト分明ナラサルトキハ裁判所ハ管理人又ハ檢事ノ請求ニ因リ相續人アラハ一定ノ期間内ニ其權利ヲ主張スヘキ旨ヲ公告スルコトヲ要ス但其期間ハ一年ヲ下ルコトヲ得ス

第千五十九條①前條ノ期間内ニ相續人タル權利ヲ主張スル者ナキトキハ相續財産ハ國庫ニ歸屬ス此場合ニ於テハ第

條ノ規定ヲ準用ス
②相續債權者及ヒ受遺者ハ國庫ニ對シテ其權利ヲ行フコトヲ得ス

第六章　遺言

第一節　總則

第千五十六條　遺言ハ本法ニ定メタル方式ニ從フニ非サレハ之ヲ爲スコトヲ得ス
第千五十七條　滿十五年ニ達シタル者ハ遺言ヲ爲スコトヲ得
第千五十八條　第四條、第九條、第十二條及ヒ第十四條ノ規定ハ遺言ニハ之ヲ適用セス
第千五十九條　遺言者ハ遺言ヲ爲ス時ニ於テ其能力ヲ有スルコトヲ要ス
第千六十條　遺言者ハ包括又ハ特定ノ名義ヲ以テ其財產ノ全部又ハ一部ヲ處分スルコトヲ得但遺留分ニ關スル規定ニ違反スルコトヲ得ス
第千六十一條　第九百六十四條及ヒ第九百六十五條ノ規定ハ受遺者ニ之ヲ準用ス
第千六十二條①被後見人カ後見ノ計算終了前ニ後見人又ハ其配偶者若クハ直系卑屬ノ利益ト爲ルヘキ遺言ヲ爲シタルトキハ其遺言ハ無效トス
②前項ノ規定ハ直系血族、配偶者又ハ兄弟姉妹カ後見人タ

千五十六條第二項ノ規定ヲ準用ス
②〔上に同じ〕

第六章　遺言

第一節　總則

第千六十條　〔上に同じ〕
第千六十一條　〔上に同じ〕
第千六十二條　〔上に同じ〕
第千六十三條　〔上に同じ〕
第千六十四條　〔上に同じ〕
第千六十五條　第九百六十八條及ヒ第九百六十九條ノ規定ハ受遺者ニ之ヲ準用ス
第千六十六條　〔上に同じ〕

ル場合ニハ之ヲ適用セス

第二節　遺言ノ方式

第一款　普通方式

第千六十三條　①遺言ハ自筆證書、公正證書又ハ祕密證書ニ依リテ之ヲ爲スコトヲ要ス但特別方式ニ依ルコトヲ許ス場合ハ此限ニ在ラス

第千六十四條①自筆證書ニ依リテ遺言ヲ爲スニハ遺言者其全文、日附及ヒ氏名ヲ自書シ之ニ捺印スルコトヲ要ス

②自筆證書中ノ挿入、削除其他ノ變更ハ遺言者其場所ヲ指示シ之ヲ變更シタル旨ヲ附記シテ特ニ之ニ署名シ且其變更ノ場所ニ捺印スルニ非サレハ其效ナシ

第千六十五條　公正證書ニ依リテ遺言ヲ爲スニハ左ノ方式ニ從フコトヲ要ス

一　證人二人以上ノ立會アルコト

二　遺言者カ遺言ノ趣旨ヲ公證人ニ口授スルコト

三　公證人カ遺言者ノ口述ヲ筆記シ之ヲ遺言者及ヒ證人ニ讀聞カスコト

四　遺言者及ヒ證人カ筆記ノ正確ナルコトヲ承認シタル後各自之ニ署名、捺印スルコト但遺言者カ署名スルコト能ハサル場合ニ於テハ公證人其事由ヲ附記シテ署名ニ代フルコトヲ得

五　公證人カ其證書ハ前四號ニ掲ケタル方式ニ從ヒテ

第二節　遺言ノ方式

第一款　普通方式

第千六十七條　〔上に同じ〕

第千六十八條　〔上に同じ〕

第千六十九條　〔上に同じ〕

作リタルモノナル旨ヲ附記シテ之ニ署名、捺印スル
コト
第千六十六條①祕密證書ニ依リテ遺言ヲ爲スニハ左ノ方式
ニ從フコトヲ要ス
一　遺言者カ其證書ニ署名、捺印スルコト
二　遺言者カ其證書ヲ封シ證書ニ用ヰタル印章ヲ以テ
之ニ封印スルコト
三　遺言者カ公證人一人及ヒ證人二人以上ノ前ニ封書
ヲ提出シテ自己ノ遺言書ナル旨及ヒ其筆者ノ氏名、
住所ヲ申述スルコト
四　公證人カ其證書提出ノ日附及ヒ遺言者ノ申述ヲ封
紙ニ記載シタル後遺言者及ヒ證人ト共ニ之ニ署名、
捺印スルコト
②第千六十四條第二項ノ規定ハ祕密證書ニ依ル遺言ニ之ヲ
準用ス
第千六十七條　祕密證書ニ依ル遺言ハ前條ニ定メタル方式
ニ缺クルモノアルモ第千六十四條ノ方式ヲ具備スルトキ
ハ自筆證書ニ依ル遺言トシテ其效力ヲ有ス
第千六十八條①言語ヲ發スルコト能ハサル者カ祕密證書ニ
依リテ遺言ヲ爲ス場合ニ於テハ遺言者ハ公證人及ヒ證人
ノ前ニ於テ其證書ハ自己ノ遺言書ナル旨竝ニ其筆者ノ氏
名、住所ヲ封紙ニ自書シテ第千六十六條第一項第三號ノ

第千七十條①〔上に同じ〕
②第千六十八條第二項ノ規定ハ祕密證書ニ依ル遺言ニ之ヲ
準用ス
第千七十一條　祕密證書ニ依ル遺言ハ前條ニ定メタル方式
ニ缺クルモノアルモ第千六十八條ノ方式ヲ具備スルトキ
ハ自筆證書ニ依ル遺言トシテ其效力ヲ有ス
第千七十二條①言語ヲ發スルコト能ハサル者カ祕密證書ニ
依リテ遺言ヲ爲ス場合ニ於テハ遺言者ハ公證人及ヒ證人
ノ前ニ於テ其證書ハ自己ノ遺言書ナル旨竝ニ其筆者ノ氏
名、住所ヲ封紙ニ自書シテ第千七十條第一項第三號ノ申

申述ニ代フルコトヲ要ス
②公證人ハ遺言者カ前項ニ定メタル方式ヲ踐ミタル旨ヲ封紙ニ記載シテ申述ノ記載ニ代フルコトヲ要ス
第千六十九條①禁治產者カ本心ニ復シタル時ニ於テ遺言ヲ爲スニハ醫師二人以上ノ立會アルコトヲ要ス
②遺言ニ立會ヒタル醫師ハ遺言者カ遺言ヲ爲ス時ニ於テ心神喪失ノ狀況ニ在ラサリシ旨ヲ遺言書ニ附記シテ之ニ署名、捺印スルコトヲ要ス但祕密證書ニ依リテ遺言ヲ爲ス場合ニ於テハ其封紙ニ右ノ記載及ヒ署名、捺印ヲ爲スコトヲ要ス
第千七十條　左ニ掲ケタル者ハ遺言ノ證人又ハ立會人タルコトヲ得ス
一　未成年者
二　禁治產者及ヒ準禁治產者
三　剝奪公權者及ヒ停止公權者
四　遺言者ノ配偶者
五　推定相續人、受遺者及ヒ其配偶者竝ニ直系血族
六　公證人ト家ヲ同クスル者及ヒ公證人ノ直系血族竝ニ筆生、雇人
第千七十一條　遺言ハ二人以上同一ノ證書ヲ以テ之ヲ爲スコトヲ得ス

第二款　特別方式

述ニ代フルコトヲ要ス
②〔上に同じ〕
第千七十三條〔上に同じ〕
第千七十四條　左ニ掲ケタル者ハ遺言ノ證人又ハ立會人タルコトヲ得ス
一　〔上に同じ〕
二　〔上に同じ〕
三　〔上に同じ〕
四　〔上に同じ〕
五　〔上に同じ〕
六　公證人ト家ヲ同シクスル者[26]及ヒ公證人ノ直系血族竝ニ筆生、雇人
第千七十五條〔上に同じ〕

第二款　特別方式

第千七十二條①疾病其他ノ事由ニ因リテ死亡ノ危急ニ迫リタル者カ遺言ヲ爲サント欲スルトキハ證人三人以上ノ立會ヲ以テ其一人ニ遺言ノ趣旨ヲ口授シテ之ヲ爲スコトヲ得此場合ニ於テハ其口授ヲ受ケタル者之ヲ筆記シテ遺言者及ヒ他ノ證人ニ讀聞カセ各證人筆記ノ正確ナルコトヲ承認シタル後之ニ署名、捺印スルコトヲ要ス

②前項ノ規定ニ依リテ爲シタル遺言ハ遺言ノ日ヨリ二十日内ニ證人ノ一人又ハ利害關係人ヨリ裁判所ニ請求シテ其確認ヲ得ルニ非サレハ其效ナシ

③裁判所ハ遺言カ遺言者ノ眞意ニ出テタル心證ヲ得ルニ非サレハ之ヲ確認スルコトヲ得ス

第千七十三條 傳染病ノ爲メ行政處分ヲ以テ交通ヲ遮斷シタル場所ニ在ル者ハ警察官一人及ヒ證人一人以上ノ立會ヲ以テ遺言書ヲ作ルコトヲ得

第千七十四條①從軍中ノ軍人及ヒ軍屬ハ將校又ハ相當官一人及ヒ證人二人以上ノ立會ヲ以テ遺言書ヲ作ルコトヲ得若シ將校及ヒ相當官カ其場所ニ在ラサルトキハ準士官又ハ下士一人ヲ以テ之ニ代フルコトヲ得

②從軍中ノ軍人又ハ軍屬カ疾病又ハ傷痍ノ爲メ病院ニ在ルトキハ其院ノ醫師ヲ以テ前項ニ掲ケタル將校又ハ相當官ニ代フルコトヲ得

第千七十五條①從軍中疾病、傷痍其他ノ事由ニ因リテ死亡

第千七十六條①疾病其他ノ事由ニ因リテ死亡ノ危急ニ迫リタル者カ遺言ヲ爲サント欲スルトキハ證人三人以上ノ立會ヲ以テ其一人ニ遺言ノ趣旨ヲ口授シテ之ヲ爲スコトヲ得此場合ニ於テハ其口授ヲ受ケタル者之ヲ筆記シテ遺言者及ヒ他ノ證人ニ讀聞カセ各證人其筆記ノ正確ナルコトヲ承認シタル後之ニ署名、捺印スルコトヲ要ス

②〔上に同じ〕

③〔上に同じ〕

第千七十七條 〔上に同じ〕

第千七十八條 〔上に同じ〕

第千七十九條①〔上に同じ〕

ノ危急ニ迫リタル軍人及ヒ軍屬ハ證人二人以上ノ立會ヲ以テ口頭ニテ遺言ヲ爲スコトヲ得

②前項ノ規定ニ從ヒテ爲シタル遺言ハ證人其趣旨ヲ筆記シテ之ニ署名、捺印シ且證人ノ一人又ハ利害關係人ヨリ遲滯ナク理事又ハ主理ニ請求シテ其確認ヲ得ルニ非サレハ其效ナシ

③第千七十二條第三項ノ規定ハ前項ノ場合ニ之ヲ準用ス

第千七十六條①艦船中ニ在ル者ハ軍艦及ヒ海軍所屬ノ船舶ニ於テハ將校又ハ相當官一人及ヒ證人二人以上其他ノ船舶ニ於テハ船長又ハ事務員一人及ヒ證人二人以上ノ立會ヲ以テ遺言書ヲ作ルコトヲ得

②前項ノ場合ニ於テ將校又ハ相當官カ其艦船中ニ在ラサルトキハ準士官又ハ下士一人ヲ以テ之ニ代フルコトヲ得

第千七十七條　第千七十五條ノ規定ハ艦船遭難ノ場合ニ之ヲ準用ス但海軍ノ所屬ニ非サル船舶中ニ在ル者カ遺言ヲ爲シタル場合ニ於テハ其確認ハ之ヲ裁判所ニ請求スルコトヲ要ス

第千七十八條　第千七十三條、第千七十四條及ヒ第千七十六條ノ場合ニ於テハ遺言者、筆者、立會人及ヒ證人ハ各自遺言書ニ署名、捺印スルコトヲ要ス

第千七十九條　第千七十三條乃至第千七十六條ノ場合ニ於テ署名又ハ捺印スルコト能ハサル者アルトキハ立會人又

---

②〔上に同じ〕

③第千七十六條第三項ノ規定ハ前項ノ場合ニ之ヲ準用ス

第千八十條　〔上に同じ〕

第千八十一條　第千七十九條ノ規定ハ艦船遭難ノ場合ニ之ヲ準用ス但海軍ノ所屬ニ非サル船舶中ニ在ル者カ遺言ヲ爲シタル場合ニ於テハ其確認ハ之ヲ裁判所ニ請求スルコトヲ要ス

第千八十二條　第千七十七條、第千七十八條及ヒ第千八十條ノ場合ニ於テハ遺言者、筆者、立會人及ヒ證人ハ各自遺言書ニ署名、捺印スルコトヲ要ス

第千八十三條　第千七十七條乃至第千八十一條[27]ノ場合ニ於テ署名又ハ捺印スルコト能ハサル者アルトキハ立會人又

第千八十條　第千六十四條第二項及ヒ第千六十九條乃至第千七十二條ノ規定ハ前八條ノ規定ニ依ル遺言ニ之ヲ準用ス

第千八十一條　第千七十二條乃至第千七十九條ノ規定ニ依リテ爲シタル遺言ハ遺言者カ普通方式ニ依リテ遺言ヲ爲スコトヲ得ルニ至リタル時ヨリ六个月間生存スルトキハ其效ナシ

第千八十二條　日本ノ領事ノ駐在スル地ニ在ル日本人カ公正證書又ハ祕密證書ニ依リテ遺言ヲ爲サント欲スルトキハ公證人ノ職務ハ領事之ヲ行フ

第三節　遺言ノ效力

第千八十三條①遺言ハ遺言者ノ死亡ノ時ヨリ其效力ヲ生ス
②遺言ニ停止條件ヲ附シタル場合ニ於テ其條件カ遺言者ノ死亡後ニ成就シタルトキハ遺言ハ條件成就ノ時ヨリ其效力ヲ生ス

第千八十四條①受遺者ハ遺言者ノ死亡後何時ニテモ遺贈ノ抛棄ヲ爲スコトヲ得
②遺贈ノ抛棄ハ遺言者ノ死亡ノ時ニ遡リテ其效力ヲ生ス

第千八十五條　遺贈義務者其他ノ利害關係人ハ相當ノ期間ヲ定メ其期間内ニ遺贈ノ承認又ハ抛棄ヲ爲スヘキ旨ヲ受遺者ニ催告スルコトヲ得若シ受遺者カ其期間内ニ遺贈義

ハ證人ハ其事由ヲ附記スルコトヲ要ス

第千八十四條　第千六十八條第二項及ヒ第千七十三條乃至第千七十五條ノ規定ハ前八條ノ規定ニ依ル遺言ニ之ヲ準用ス

第千八十五條　前九條ノ規定ニ依リテ爲シタル遺言ハ遺言者カ普通方式ニ依リテ遺言ヲ爲スコトヲ得ルニ至リタル時ヨリ六个月間生存スルトキハ其效ナシ

第千八十六條　〔上に同じ〕

第三節　遺言ノ效力

第千八十七條　〔上に同じ〕

第千八十八條　〔上に同じ〕

第千八十九條　〔上に同じ〕

務者ニ對シテ其意思ヲ表示セサルトキハ遺贈ヲ承認シタルモノト看做ス

第千八十六條　受遺者カ遺贈ノ承認又ハ拋棄ヲ爲ス前ニ死亡シタルトキハ其相續人ハ自己ノ相續權ノ範圍内ニ於テ承認又ハ拋棄ヲ爲スコトヲ得但遺言者カ其遺言ニ別段ノ意思ヲ表示シタルトキハ其意思ニ從フ

第千八十七條①遺贈ノ承認及ヒ拋棄ハ之ヲ取消スコトヲ得ス

②第千十八條第二項ノ規定ハ遺贈ノ承認及ヒ拋棄ニ之ヲ準用ス

第千八十八條　包括受遺者ハ遺産相續人ト同一ノ權利義務ヲ有ス

第千八十九條　受遺者ハ遺贈カ辨濟期ニ至ラサル間遺贈義務者ニ對シテ相當ノ擔保ヲ請求スルコトヲ得停止條件附遺贈ニ付キ其條件ノ成否未定ノ間亦同シ

第千九十條　受遺者ハ遺贈ノ履行ヲ請求スルコトヲ得ル時ヨリ果實ヲ取得ス但遺言者カ其遺言ニ別段ノ意思ヲ表示シタルトキハ其意思ニ從フ

第千九十一條①遺贈義務者カ遺言者ノ死亡後遺贈ノ目的物ニ付キ費用ヲ出タシタルトキハ第二百九十九條ノ規定ヲ準用ス

②果實ヲ收取スル爲メニ出タシタル通常ノ必要費ハ果實ノ

第千九十條　受遺者カ遺贈ノ承認又ハ拋棄ヲ爲サスシテ死亡シタルトキハ其相續人ハ自己ノ相續權ノ範圍内ニ於テ承認又ハ拋棄ヲ爲スコトヲ得但遺言者カ其遺言ニ別段ノ意思ヲ表示シタルトキハ其意思ニ從フ

第千九十一條①〔上に同じ〕

②第千二十二條第二項ノ規定ハ遺贈ノ承認及ヒ拋棄ニ之ヲ準用ス

第千九十二條〔上に同じ〕

第千九十三條　受遺者ハ遺贈カ辨濟期ニ至ラサル間ハ遺贈義務者ニ對シテ相當ノ擔保ヲ請求スルコトヲ得停止條件附遺贈ニ付キ其條件ノ成否未定ノ間亦同シ

第千九十四條〔上に同じ〕

第千九十五條〔上に同じ〕

価格ヲ超エサル限度ニ於テ其償還ヲ請求スルコトヲ得

第千九十二條①遺贈ハ遺言者ノ死亡前ニ受遺者カ死亡シタルトキハ其効力ヲ生セス

②停止條件附遺贈ニ付テハ受遺者カ其條件ノ成就前ニ死亡シタルトキ亦同シ但遺言者カ其遺言ニ別段ノ意思ヲ表示シタルトキハ其意思ニ従フ

第千九十三條　遺贈カ其効力ヲ生セサルトキ又ハ抛棄ニ因リ其効力ナキニ至リタルトキハ受遺者カ受クヘカリシモノハ相續人ニ歸屬ス但遺言者カ其遺言ニ別段ノ意思ヲ表示シタルトキハ其意思ニ従フ

第千九十四條　遺贈ハ其目的タル權利カ遺言者ノ死亡ノ時ニ於テ相續財産ニ屬セサルトキハ其効力ヲ生セス但其權利カ相續財産ニ屬セサルコトアルニ拘ハラス之ヲ以テ遺贈ノ目的ト爲シタルモノト認ムヘキトキハ此限ニ在ラス

第千九十五條　相續財産ニ屬セサル權利ヲ目的トスル遺贈カ前條但書ノ規定ニ依リテ有効ナルトキハ遺贈義務者ハ其權利ヲ取得シテ之ヲ受遺者ニ移轉スル義務ヲ負フ若シ之ヲ取得スルコト能ハサルカ又ハ之ヲ取得スルニ付キ過分ノ費用ヲ要スルトキハ其價額ヲ辨償スルコトヲ要ス但遺言者カ其遺言ニ別段ノ意思ヲ表示シタルトキハ其意思ニ従フ

第千九十六條①不特定物ヲ以テ遺贈ノ目的ト爲シタル場合

第千九十六條　〔上に同じ〕

第千九十七條　〔上に同じ〕

第千九十八條　〔上に同じ〕

第千九十九條　〔上に同じ〕

第千百條　〔上に同じ〕

ニ於テ受遺者カ追奪ヲ受ケタルトキハ遺贈義務者ハ之ニ對シテ賣主ト同シク擔保ノ責ニ任ス

②前項ノ場合ニ於テ物ニ瑕疵アリタルトキハ遺贈義務者ハ瑕疵ナキ物ヲ以テ之ニ代フルコトヲ要ス

第千九十七條①遺言者カ遺贈ノ目的物ノ滅失若クハ變造又ハ其占有ノ喪失ニ因リテ第三者ニ對シ償金ヲ請求スル權利ヲ有スルトキハ其權利ヲ以テ遺贈ノ目的ト爲シタルモノト推定ス

②遺贈ノ目的物カ他ノ物ト附合又ハ混和シタル場合ニ於テ遺言者カ第二百四十四條又ハ第二百四十五條ノ規定ニ依リ合成物又ハ混和物ノ共有權ヲ取得シタルトキハ其共有權ヲ以テ遺贈ノ目的ト爲シタルモノト推定ス

第千九十八條　遺贈ノ目的タル物又ハ權利カ遺言者ノ死亡ノ時ニ於テ第三者ノ權利ノ目的タルトキハ受遺者ハ遺贈義務者ニ對シテ其權利ヲ消滅セシムヘキ旨ヲ請求スルコトヲ得ス但遺言者カ其遺言ニ反對ノ意思ヲ表示シタルトキハ此限ニ在ラス

第千九十九條①債權ヲ以テ遺贈ノ目的ト爲シタル場合ニ於テ遺言者カ爾後辨濟ヲ受ケ且其受取リタル物カ尚ホ相續財產中ニ存スルトキハ其物ヲ以テ遺贈ノ目的ト爲シタルモノト推定ス

第千百一條①遺言者カ遺贈ノ目的物ノ滅失若クハ變造又ハ其占有ノ喪失ニ因リ第三者ニ對シテ[28]償金ヲ請求スル權利ヲ有スルトキハ其權利ヲ以テ遺贈ノ目的ト爲シタルモノト推定ス

②遺贈ノ目的物カ他ノ物ト附合又ハ混和シタル場合ニ於テ遺言者カ第二百四十三條乃至第二百四十五條ノ規定ニ依リ合成物又ハ混和物ノ單獨所有者又ハ共有者ト爲リタルトキハ其全部ノ所有權又ハ共有權ヲ以テ遺贈ノ目的ト爲シタルモノト推定ス

第千百二條　遺贈ノ目的タル物又ハ權利カ遺言者ノ死亡ノ時ニ於テ第三者ノ權利ノ目的タルトキハ受遺者ハ遺贈義務者ニ對シ其權利ヲ消滅セシムヘキ旨ヲ請求スルコトヲ得ス但遺言者カ其遺言ニ反對ノ意思ヲ表示シタルトキハ此限ニ在ラス

第千百三條①債權ヲ以テ遺贈ノ目的ト爲シタル場合ニ於テ遺言者カ辨濟ヲ受ケ且其受取リタル物カ尚ホ相續財產中ニ存スルトキハ其物ヲ以テ遺贈ノ目的ト爲シタルモノト推定ス

②金銭ヲ目的トスル債權ニ付テハ相續財産中ニ其債權額ニ相當スル金銭ナキトキト雖モ其金額ヲ以テ遺贈ノ目的ト爲シタルモノト推定ス

第千百條①負擔附遺贈ヲ受ケタル者ハ遺贈ノ目的ノ價額ヲ超エサル限度ニ於テノミ其負擔シタル義務ヲ履行スル責ニ任ス

②受遺者カ遺贈ノ抛棄ヲ爲シタルトキハ負擔ノ利益ヲ受クヘキ者自ラ受遺者ト爲ルコトヲ得但遺言者カ其遺言ニ別段ノ意思ヲ表示シタルトキハ其意思ニ從フ

第千百一條　負擔附遺贈ノ目的ノ價額カ相續ノ限定承認又ハ遺留分回復ノ訴ニ因リテ減少シタルトキハ受遺者ハ其減少ノ割合ニ應シテ其負擔シタル義務ヲ免ル但遺言者カ其遺言ニ別段ノ意思ヲ表示シタルトキハ其意思ニ從フ

第四節　遺言ノ執行

第千百二條①遺言書ノ保管者ハ相續ノ開始ヲ知リタル後遲滯ナク之ヲ相續開始地ノ裁判所ニ提出シテ其檢認ヲ請求スルコトヲ要ス遺言書ノ保管者ナキ場合ニ於テ相續人カ遺言書ヲ發見シタル後亦同シ

②前項ノ規定ハ公正證書ニ依ル遺言ニハ之ヲ適用セス

③封印アル遺言書ハ裁判所ニ於テ相續人又ハ其代理人ノ立會ヲ以テスルニ非サレハ之ヲ開封スルコトヲ得ス

第千百三條　前條ノ規定ニ依リテ遺言書ヲ提出スルコトヲ

---

②〔上に同じ〕

第千百四條　〔上に同じ〕

第千百五條　〔上に同じ〕

第四節　遺言ノ執行

第千百六條①遺言書ノ保管者ハ相續ノ開始ヲ知リタル後遲滯ナク之ヲ裁判所ニ提出シテ其檢認ヲ請求スルコトヲ要ス遺言書ノ保管者ナキ場合ニ於テ相續人カ遺言書ヲ發見シタル後亦同シ

②〔上に同じ〕

③〔上に同じ〕

第千百七條　〔上に同じ〕

怠リ、其檢認ヲ經スシテ遺言ヲ執行シ又ハ裁判所外ニ於テ其開封ヲ爲シタル者ハ二百圓以下ノ過料ニ處セラル

第千百四條①遺言者ハ遺言ヲ以テ一人又ハ數人ノ遺言執行者ヲ指定シ又ハ其指定ヲ第三者ニ委託スルコトヲ得

②遺言執行者指定ノ委託ヲ受ケタル者ハ遲滯ナク其指定ヲ爲シテ之ヲ相續人ニ通知スルコトヲ要ス

③遺言執行者指定ノ委託ヲ受ケタル者カ其委託ヲ辭セントスルトキハ遲滯ナク其旨ヲ相續人ニ通知スルコトヲ要ス

第千百五條　遺言執行者カ就職ヲ承諾シタルトキハ直チニ其任務ヲ行フコトヲ要ス

第千百六條　相續人其他ノ利害關係人ハ相當ノ期間ヲ定メ其期間内ニ就職ヲ承諾スルヤ否ヤヲ確答スヘキ旨ヲ遺言執行者ニ催告スルコトヲ得若シ遺言執行者カ其期間内ニ相續人ニ對シテ確答ヲ爲ササルトキハ就職ヲ承諾シタルモノト看做ス

第千百七條　無能力者及ヒ破産者ハ遺言執行者タルコトヲ得ス

第千百八條①遺言執行者ナキトキ又ハ之ナキニ至リタルトキハ裁判所ハ利害關係人ノ請求ニ因リ之ヲ選任スルコトヲ得

②前項ノ規定ニ依リテ選任シタル遺言執行者ハ正當ノ理由アルニ非サレハ就職ヲ拒ムコトヲ得ス

第千百八條　〔上に同じ〕

第千百九條　〔上に同じ〕

第千百十條　〔上に同じ〕

第千百十一條　〔上に同じ〕

第千百十二條　〔上に同じ〕

第千百九條①遺言執行者ハ遲滯ナク相續財產ノ目錄ヲ調製シテ之ヲ相續人ニ交付スルコトヲ要ス

②遺言執行者ハ相續人ノ請求アルトキハ其立會ヲ以テ財產目錄ヲ調製シ又ハ公證人ヲシテ之ヲ調製セシムルコトヲ要ス

第千百十條①遺言執行者ハ相續財產ノ管理其他遺言ノ執行ニ必要ナル一切ノ行爲ヲ爲ス權利義務ヲ有ス

②第六百四十四條乃至第六百四十七條及ヒ第六百五十條ノ規定ハ遺言執行者ト相續人トノ間ニ之ヲ準用ス

第千百十一條　遺言執行者アル場合ニ於テハ相續人ハ相續財產ヲ處分シ其他遺言ノ執行ヲ妨クヘキ行爲ヲ爲スコトヲ得ス

第千百十二條　前三條ノ規定ハ遺言カ特定財產ニ關スル場合ニ於テハ其財產ニ付テノミ之ヲ適用ス

第千百十三條　遺言執行者ハ之ヲ相續人ノ代理人ト看做ス

第千百十四條①遺言執行者ハ已ムコトヲ得サル事由アルニ非サレハ第三者ヲシテ其任務ヲ行ハシムルコトヲ得ス但遺言者カ其遺言ニ反對ノ意思ヲ表示シタルトキハ此限ニ在ラス

②遺言執行者カ前項但書ノ規定ニ依リ第三者ヲシテ其任務ヲ行ハシムル場合ニ於テハ相續人ニ對シ第百五條ニ定メタル責任ヲ負フ

第千百十三條　〔上に同じ〕

第千百十四條①　〔上に同じ〕

②第六百四十四條乃至第六百四十七條及ヒ第六百五十條ノ規定ハ遺言執行者ニ之ヲ準用ス

第千百十五條　〔上に同じ〕

第千百十六條　〔上に同じ〕

第千百十七條　〔上に同じ〕

第千百十八條　〔上に同じ〕

第千百十五條①數人ノ遺言執行者アル場合ニ於テハ其任務ノ執行ハ過半數ヲ以テ之ヲ決ス但遺言者カ其遺言ニ別段ノ意思ヲ表示シタルトキハ其意思ニ從フ
②各遺言執行者ハ前項ノ規定ニ拘ハラス保存行爲ヲ爲スコトヲ得

第千百十六條①遺言執行者ハ遺言ニ報酬ヲ定メタルトキニ限リ之ヲ受クルコトヲ得
②裁判所ニ於テ遺言執行者ヲ選任シタルトキハ裁判所ハ事情ニ依リ其報酬ヲ定ムルコトヲ得
③遺言執行者カ報酬ヲ受クヘキ場合ニ於テハ第六百四十八條第二項及ヒ第三項ノ規定ヲ準用ス

第千百十七條①遺言執行者カ其任務ヲ怠リタルトキ其他正當ノ事由アルトキハ利害關係人ハ其解任ヲ裁判所ニ請求スルコトヲ得
②遺言執行者ハ正當ノ事由アルトキハ就職ノ後ト雖モ其任務ヲ辭スルコトヲ得

第千百十八條 第六百五十四條及ヒ第六百五十五條ノ規定ハ遺言執行者ノ任務カ終了シタル場合ニ之ヲ準用ス

第千百十九條 遺言ノ執行ニ關スル費用ハ相續財産ノ負擔トス但之ニ因リテ遺留分ヲ減スルコトヲ得ス

第五節 遺言ノ取消

第千百二十條 遺言者ハ何時ニテモ遺言ノ方式ニ從ヒテ其

第千百十九條〔上に同じ〕

第千百二十條〔上に同じ〕

第千百二十一條〔上に同じ〕

第千百二十二條〔上に同じ〕

第千百二十三條〔上に同じ〕

第五節 遺言ノ取消

第千百二十四條〔上に同じ〕

遺言ノ全部又ハ一部ヲ取消スコトヲ得

第千百二十一條①前ノ遺言ト後ノ遺言ト牴觸スルトキハ其牴觸スル部分ニ付テハ後ノ遺言ヲ以テ前ノ遺言ヲ取消シタルモノト看做ス

②前項ノ規定ハ遺言ト遺言後ノ生前處分其他ノ法律行爲ト牴觸スル場合ニ之ヲ準用ス

第千百二十二條　遺言者カ故意ニ遺言書ヲ毀滅シタルトキハ其毀滅シタル部分ニ付テハ遺言ヲ取消シタルモノト看做ス遺言者カ故意ニ遺贈ノ目的物ヲ毀滅シタルトキ亦同シ

第千百二十三條　前三條ノ規定ニ依リテ取消サレタル遺言ハ其取消ノ行爲カ取消サレ又ハ效力ヲ生セサルニ至リタルトキト雖モ其效力ヲ囘復セス但其行爲カ詐欺又ハ强迫ニ因ル場合ハ此限ニ在ラス

第千百二十四條　遺言者ハ其遺言ノ取消權ヲ拋棄スルコトヲ得ス

第千百二十五條　負擔附遺贈ヲ受ケタル者カ其負擔シタル義務ヲ履行セサルトキハ相續人ハ相當ノ期間ヲ定メテ其履行ヲ催告シ若シ其期間内ニ履行ナキトキハ遺言ノ取消ヲ裁判所ニ請求スルコトヲ得

第七章　遺留分

第千百二十六條①法定家督相續人タル直系卑屬ハ遺留分ト

第千百二十五條〔上に同じ〕

第千百二十六條〔上に同じ〕

第千百二十七條〔上に同じ〕

第千百二十八條〔上に同じ〕

第千百二十九條〔上に同じ〕

第七章　遺留分

第千百三十條〔上に同じ〕

シテ被相續人ノ財産ノ半額ヲ受ク

②此他ノ家督相續人ハ遺留分トシテ被相續人ノ財産ノ三分ノ一ヲ受ク

第千百二十七條①遺産相續人タル直系卑屬ハ遺留分トシテ被相續人ノ財産ノ半額ヲ受ク

②遺産相續人タル配偶者又ハ直系尊屬ハ遺留分トシテ被相續人ノ財産ノ三分ノ一ヲ受ク

第千百二十八條①遺留分ハ被相續人カ相續開始ノ時ニ於テ有セシ財産ノ價額ニ其贈與シタル財産ノ價額ヲ加ヘ其中ヨリ債務ノ全額ヲ控除シテ之ヲ算定ス

②條件附權利又ハ存續期間ノ不確定ナル權利ハ裁判所ニ於テ選定シタル鑑定人ノ評價ニ從ヒ其價格ヲ定ム

③第九百八十三條ニ掲ケタル權利ハ遺留分ノ算定ニ關シテハ其價額ヲ算入セス

第千百二十九條　贈與ハ相續開始前一年間ニ爲シタルモノニ限リ前條ノ規定ニ依リテ其目的タル財産ノ價額ヲ算入ス其期間前ニ爲シタルモノト雖モ當事者雙方カ遺留分權利者ニ損害ヲ加フルコトヲ知リテ之ヲ爲シタルトキ亦同シ

第千百三十條　遺留分權利者及ヒ其承繼人ハ遺留分ヲ保全スルニ必要ナル限度ニ於テ遺贈及ヒ第千百二十九條ニ掲ケタル贈與ノ減殺ヲ請求スルコトヲ得

第千百三十一條　〔上に同じ〕

第千百三十二條①〔上に同じ〕

②〔上に同じ〕

③家督相續ノ特權ニ屬スル權利ハ遺留分ノ算定ニ關シテハ其價額ヲ算入セス

第千百三十三條　贈與ハ相續開始前一年間ニ爲シタルモノニ限リ前條ノ規定ニ依リテ其價額ヲ算入ス一年前ニ爲シタルモノト雖モ當事者雙方カ遺留分權利者ニ損害ヲ加フルコトヲ知リテ之ヲ爲シタルトキ亦同シ

第千百三十四條　遺留分權利者及ヒ其承繼人ハ遺留分ヲ保全スルニ必要ナル限度ニ於テ遺贈及ヒ前條ニ掲ケタル贈與ノ減殺ヲ請求スルコトヲ得

第千百三十一條　條件附權利又ハ存續期間ノ不確定ナル權利ヲ以テ贈與又ハ遺贈ノ目的ト爲シタル場合ニ於テ其贈與又ハ遺贈ノ一部ヲ減殺スヘキトキハ遺留分權利者ハ第千百二十八條第二項ノ規定ニ依リテ定メタル價格ニ從ヒ直チニ其殘部ノ價額ヲ受贈者又ハ受遺者ニ給付スルコトヲ要ス

第千百三十二條　贈與ハ遺贈ヲ減殺シタル後ニ非サレハ之ヲ減殺スルコトヲ得ス

第千百三十三條　遺贈ハ其目的ノ價額ノ割合ニ應シテ之ヲ減殺ス但遺言者カ其遺言ニ別段ノ意思ヲ表示シタルトキハ其意思ニ從フ

第千百三十四條　贈與ノ減殺ハ後ノ贈與ヨリ始メ順次ニ前ノ贈與ニ及フ

第千百三十五條　受贈者ハ其返還スヘキ財産ノ外尚ホ減殺ノ請求アリタル日以後ノ果實ヲ返還スルコトヲ要ス

第千百三十六條　減殺ヲ受クヘキ受贈者ノ無資力ニ因リテ生スル損失ハ遺留分權利者ノ負擔ニ歸ス

第千百三十七條　負擔附贈與ハ其目的ノ價額中ヨリ負擔ノ價額ヲ控除シタルモノニ付キ其減殺ヲ請求スルコトヲ得

第千百三十八條　不相當ノ對價ヲ以テ爲シタル有償行爲ハ當事者雙方カ遺留分權利者ニ損害ヲ加フルコトヲ知リテ爲シタルモノニ限リ之ヲ贈與ト看做ス此場合ニ於テ遺留

第千百三十五條　條件附權利又ハ存續期間ノ不確定ナル權利ヲ以テ贈與又ハ遺贈ノ目的ト爲シタル場合ニ於テ其贈與又ハ遺贈ノ一部ヲ減殺スヘキトキハ遺留分權利者ハ第千百三十二條第二項ノ規定ニ依リテ定メタル價格ニ從ヒ直チニ其殘部ノ價額ヲ受贈者又ハ受遺者ニ給付スルコトヲ要ス

第千百三十六條　〔上に同じ〕

第千百三十七條　〔上に同じ〕

第千百三十八條　〔上に同じ〕

第千百三十九條　〔上に同じ〕

第千百四十條　減殺ヲ受クヘキ受贈者ノ無資力ニ因リテ生シタル損失ハ遺留分權利者ノ負擔ニ歸ス

第千百四十一條　〔上に同じ〕

第千百四十二條　〔上に同じ〕

分權利者カ其減殺ヲ請求スルトキハ其對價ヲ償還スルコトヲ要ス

第千百三十九條①減殺ヲ受クヘキ受贈者カ贈與ノ目的ヲ他人ニ讓渡シタルトキハ遺留分權利者ニ其價額ヲ辨償スルコトヲ要ス但讓受人カ讓渡ノ當時遺留分權利者ニ損害ヲ加フルコトヲ知リタルトキハ遺留分權利者ハ之ニ對シテモ減殺ヲ請求スルコトヲ得

②前項ノ規定ハ受贈者カ贈與ノ目的ノ上ニ權利ヲ設定シタル場合ニ之ヲ準用ス

第千百四十條①受贈者及ヒ受遺者ハ減殺ヲ受クヘキ限度ニ於テ贈與又ハ遺贈ノ目的ノ價額ヲ遺留分權利者ニ辨償シテ返還ノ義務ヲ免ルルコトヲ得

②前項ノ規定ハ前條第一項但書ノ場合ニ之ヲ準用ス

第千百四十一條　減殺ノ請求權ハ遺留分權利者カ相續ノ開始及ヒ減殺スヘキ贈與又ハ遺贈アリタルコトヲ知リタル時ヨリ一年間之ヲ行ハサルトキハ時效ニ因リテ消滅ス相續開始ノ時ヨリ十年ヲ經過シタルトキ亦同シ

第千百四十二條　第九百九十一條、第千條、第千一條、第千三條及ヒ第千四條ノ規定ハ遺留分ニ之ヲ準用ス

第千百四十三條　〔上に同じ〕

第千百四十四條　〔上に同じ〕

第千百四十五條　〔上に同じ〕

第千百四十六條　第九百九十五條、第千四條、第千五條、第千七條及ヒ第千八條ノ規定ハ遺留分ニ之ヲ準用ス

注

（1）　この「(別冊)」という記載（公布官報にもあり、また『法令全書』にもある）は、政府提出冊子には存しない。な

お、この記載の前にある三つの文章（第一文は今日の用語でいう制定文のようなものであり、第二文および第三文は、今日では附則に定められる事項を定めたものである）は、「民法中修正案」という標題の法律案を構成しており、その成立後は法律を構成することになる（冒頭の「民法中修正案」という六字は、明治三一年六月二一日付官報号外による公布に際して「法律第九號」と改められる）。

(2) 本条但書は「但當事者カ姻婚ノ當時……」と印刷されており、正誤記事に訂正の措置はないが、右傍点部分は明白な誤植である（政府提出冊子では「婚姻ノ當時」と印刷されている）。

(3) 上欄第七六三条第一項但書中の「父ノ知レサルトキ」と同じになっていた政府提出冊子の記載が正誤甲により訂正されたのをうけて正誤記事により訂正されたもの（東京大学出版会復刻版では、正誤記事による訂正の織り込みの不手際のため「父カノ知レサルトキ」となっている）。

(4) 上欄第七八一条中の「解消又ハ取消」と同じになっていた政府提出冊子の記載が正誤甲により訂正されたのをうけて正誤記事により訂正されたもの。

(5) 上欄第八一二条第四号と同じであった本条第四号が衆議院で太字部分の挿入という修正を受けたのであるが、その太字部分の末尾は、衆議院から貴族院への明治三一年六月二日付送付書でも同月四日付官報号外『第十二回帝国議会貴族院議事速記録』一二号一四六頁の記載（第八一三条柱書中の「提出」は誤植）でも「又ハ其ノ他ノ罪ニ因リテ」となっているので、表ではそれらのとおりにした。公布官報では、その記載が民法前三編の表記法に従った「又ハ其他ノ罪ニ因リテ」という記載に改められている。

(6) 本条第二項中の「生レタル」は「生マレタル」と書かれるべきであった（第七二一条・上欄第九六四条＝下欄第九六八条・上欄第九六六条第二項＝下欄第九七〇条第二項参照。ちなみに、梅『民法要義巻之四親族編』二三九頁は初版（一八九九年）の時から「生マレタル」としている）。

(7) 第一二回帝国議会に提出された冊子『民法中修正案』で第八五五条第二項の冒頭が誤って「第七百八十五條」と印刷されているのを訂正した（本文二(1)参照。広中「日本民法典編纂史とその資料」民法研究第一巻（一九九六年）一五八頁の表に示した『最終整理用／民法中修正案』での書き込みを見ると、起草委員はどの段階でか誤りに気づいたもののようである）。

(8) 上欄第八八四条第一項前段中の「親権ヲ行フ父又ハ母カ其權限ヲ超エテ爲シ又ハ前條ノ規定ニ違反シテ同意ヲ與ヘ

タル行爲ハ父若クハ母又ハ子ニ於テ」と同じになっていた政府提出冊子の記載が正誤甲により訂正されたのをうけて正誤記事により訂正されたもの（東京大学出版会復刻版では、正誤記事による訂正の織り込みの不手際のため、本条第一項は「……行爲ハ子又ハ其法定代理人ニ於テ第十九條ノ規定ヲ準用ス」という意味不明の文章になっている）。

(9) 上欄第八九四条第一項中の「管理ノ失當ニ因リ其子ノ財産ヲ」と同じになっていた政府提出冊子の記載が、正誤甲により「テ」を脱したものとされたのをうけて、正誤記事により訂正されたもの。

(10) 上欄第八九七条第二号の「成年者カ禁治産ノ宣告ヲ受ケタルトキ」と同じになっていた政府提出冊子の記載が正誤甲により訂正されたのをうけて正誤記事により訂正されたもの。

(11) 上欄第八九八条第二項中の「前項ノ規定ニ依リ後見人ノ」と同じになっていた政府提出冊子の記載が、正誤甲により「テ」を脱したものとされたのをうけて、正誤記事により訂正されたもの。

(12) 「親權ヲ行フ者カ管理權ヲ有セサルニ因リテ後見カ開始シタル場合……」となっていた政府提出冊子の記載が、正誤甲により右傍点部分は「衍」とされ、上欄第九三二条の記載と同じものに改められた（=復元された）のをうけて、正誤記事による訂正がなされた。

(13) 「保佐人ト準禁治産者トノ間」となっていた政府提出冊子の記載が、正誤甲により「又ハ親族會員」の六字を脱したものとされたのをうけて、正誤記事により訂正されたもの。

(14) 上欄第九五五条第二項と同じく但書のない規定を掲げていた政府提出冊子の記載が、正誤甲により但書の二〇字を脱したものとされたのをうけて、正誤記事により但書が加えられた。

(15) 上欄第九六〇条第二号が下欄第九六四条第二号の新設（第二五回整理会での決定）に伴い第三号に繰り下げられるに際して同じ文言を承継していた政府提出冊子の記載が、正誤甲により「、其取消」は「衍」とされたのをうけて、正誤記事により訂正されたもの（東京大学出版会復刻版で「又ハ」の前に読点が残っているのは正誤記事の織り込みの不手際による。ちなみに、下欄第九六四条第二号の末尾は「其家ヲ去リタルトキ」となっているが、同条各号は「場合」でなく「事由」を列挙する条文であるから、第二五回整理会の議案のとおりに「其家ヲ去リタルコト」となるべきであったろう。注7所引『最終整理用／民法中修正案』では、朱筆で「戸主カ婚姻ノ取消ニ因リテ其家ヲ去リタルコト」と書き込まれたあと、鉛筆で「婚姻」の次にまず「又ハ縁組」という四字の追加が書き込まれ、ついでそのなかの「縁組」が「養子縁組」と訂正され、最後に鉛筆書きを朱筆で抹消して欄外に朱筆で「又ハ養子縁組」と書き込まれているが、政府提出冊子『民法中修正案』の印刷用原稿をタイプ謄写によって複製したとみられる日本学術振興会謄写本『民法中修正案親族編相続編』では末尾が「……去リタルトキ」となっており、政府提出冊子の印刷用原稿が作成される過程で変化が生じたのではないかと思われる)。

(16) 上欄第九七一条第二号中の「状況ニ因リテ家政ヲ」と同じになっていた政府提出冊子の記載が、正誤甲により「テ」は「衍」とされたのをうけて、正誤記事により訂正されたもの。

(17) 上欄第九八一条第一項中の「被相續人ノ親族、分家ノ戸主又ハ」と同じになっていた政府提出冊子の記載が正誤甲により訂正されたのをうけて正誤記事により訂正されたもの。ただし、正誤甲の「『親族』ノ下『家族』ノ二字ヲ脱ス」という記載も、正誤記事の「親族、ノ下ニ『家族』ノ二字ヲ脱ス」という記載(東京大学出版会復刻版はこれに忠実な織り込みをしている)も、『親族、』ノ下『家族、』ヲ脱ス」という記載であったものとみなし、公布官報と同様「被相續人ノ親族、家族、分家ノ戸主又ハ」とした。

(18) 上欄第九九一条冒頭の「前條ノ規定ニ依リテ相續人タルヘキ者」と同じになっていた政府提出冊子の記載が、正誤甲により「依リテ」の下「遺産」の二字を脱したものとされたのをうけて、正誤記事により訂正されたもの。

(19) 上欄第九九二条第一項冒頭の「前二條ノ規定ニ依リテ相續人タルヘキ者」と同じになっていた政府提出冊子の記載が、正誤甲により「依リテ」の下「遺産」の二字を脱したものとされたのをうけて、正誤記事により訂正されたもの。

(20) 第一一回帝国議会に提出された冊子『民法中修正案』で第九九二条第二項に「……第九百九十二條ノ規定ヲ準用ス」と印刷されていた部分の条名は、法文自体からも明らかであるというべき誤りであり(本文二(1)で説明したのと同様、整理過程における条名訂正の遺脱である)、その条名を「第九百九十條」と訂正した(なお、注7所引『最終整理用/民法中修正案』での書き込みを見ると、起草委員はどの段階でか誤りに気づいたもののようである)。

(21) 第一一回帝国議会に提出された冊子『民法中修正案』で「滅失シ」と印刷されているのは明らかに「滅失シ」の誤植なので訂正した(なお、注7所引『最終整理用/民法中修正案』では訂正が書き込まれている)。

(22) この「第千二十一條」は、政府提出冊子で「第千二十條」となっていた記載が正誤乙により訂正されたのをうけて正誤記事により訂正されたもの(本文二(2)参照)。

(23) この「同條第一項ノ期間」は、上欄第一〇三三条第一項前段中の「同條ノ規定ニ依リテ定メタル期間」と同じになっていた政府提出冊子の記載が正誤甲により訂正されたのをうけて正誤記事により訂正されたもの。

(24) この「第千三十條」は、「第千三十一條」とすべきであったのに誤って「第千三十條」と印刷された政府提出冊子の記載が、誤りと気づかれないまま帝国議会両院の法案可決を経て公布官報にまで承継されたもの（これについては本文二(2)所引『民法要義巻之五相続編』二〇〇頁参照。注7所引『最終整理用／民法中修正案』での書き込みでは「第千三十一條」になっている）。

(25) この「前條第一項ノ期間」は、政府提出冊子で「前條第一項ノ規定ニ依リテ定メタル期間」となっていた記載が、正誤甲により「規定ニ依リテ定メタル」は「衍」とされたのをうけて、正誤記事により訂正されたもの。

(26) 上欄第一〇七〇条第六号中の「家ヲ同クスル」と同じになっていた政府提出冊子の記載が、正誤甲により「同」の下「シ」を脱したものとされたのをうけて、正誤記事により訂正されたもの。

(27) 本条の冒頭は、上欄第一〇七九条の冒頭に「第千七十三條乃至第千七十六條」の四箇条のほか第一〇七七条も挙示されていたかのような五箇条を新条名で挙示しているが、この修正（上欄第一〇七七条に相当する第一〇八一条の場合を本条にふくめたかぎりにおいて修正）が第二五回整理会に付議されなかったのは、「意味ノ變更ニナルモノ」（本文二(2)参照）ではないと考えられたからであろうか。上欄第一〇七九条の実質的内容が確定した第二三回整理会では上欄第一〇七五条の場合を同条にふくめることだけが問題になっており、第一〇七七条の場合は問題にならなかったので、整理会議事速記録は疑問を解く手掛かりを与えない。注7所引『最終整理用／民法中修正案』では条名訂正を書いたり消したりした跡のある本条の上部に「？」の記号がしるされている。

(28) 上欄第一〇九七条第一項中の「占有ノ喪失ニ因リテ第三者ニ對シ償金ヲ」と同じになっていた政府提出冊子の記載が正誤甲により訂正されたのをうけて正誤記事により訂正されたもの。

附記（本誌第一巻一五一頁の記述の訂正について）

私が本誌第一巻（一九九六年）所載の「日本民法典編纂史とその資料」のなかで（一五一頁）、富井政章『民法原論』第一巻総論の第一編第二章「民法ノ沿革」から「民法ノ残部ハ親族及ヒ相続ノ二編ニシテ明治三十年ノ末ニ確定案ト為リ翌三十一年ノ臨時議会ニ提出シテ可決セラレ同年六月……公布セラレタリ」という記述を引用し、「右の記述を読む者は、後二編は『明治三十年ノ末ニ確定案ト為』ったがすぐには議会に提出されず『翌三十一年ノ臨時議会ニ提出』されたと思うかもしれない」としたうえ、「富井自身、そう思っていたのであろう」、「富井は、……第一二回帝国議会への第一次確定案に基づく『民法中修正案』の提出があったこと、および、その『民法中修正案』をもう一度……整理する整理会が開かれて第一次確定案の改訂版ともいうべきものが作られたことを知らず、したがってこれら二つの事項に言及しえなかったのであろう」と書いたところ、先般、リヨン在住の有本司氏（東アジア研究所客員研究員）が信山社に、第一二回帝国議会への「民法中修正案」提出を富井は知っていたということを示す文献、Extrait du *Bulletin de la Société de Législation comparée*, N° 3. - Mars 1898: M. Tomii. État de la codification au Japon, Communication à la Société de Législation comparée, Séance générale du 9 février 1898 のコピーを送ってくださった。右会報によると、たしかに富井は、一八九八年二月九日に日本での法典編纂の状況に関する報告のなかで、前年一二月に商法修正案および民法中修正案後二編分が議会に提出されたが不幸にも直後に衆議院が解散されて審議は次の臨時の会期まで延期となった、その開会は二、三箇月後になるであろう、と述べている。富井は、第一一回帝国議会に民法中修正案が提出されたけれども審議にはいたらなかったという事実を、一八九八年二月九日の時点で知っていたのであった（私は同会期のことに特別な関心がなかったころ、上記報告の邦訳を法学協会雑誌一六巻で一読していたのに、内容の細部を忘れて誤った記述をしたわけであり、このことを読者におわびするとともに、上記報告について私の記憶を呼び起してくださった有本氏に心から感謝する）。その事実を知っていたにもかかわらず、なぜ富井は、数年後に『民法原論』第一巻上で民法後二編につき「明治三十年ノ末ニ確定案ト為リ翌三十一年ノ臨時議会ニ提出シテ可決セラレ」という（読者に誤解を生じさせるような）書き方をしたのであろうか。「明治三十年ノ末」の第一一回帝国議会に提出された民法中修正案と「翌三十一年ノ臨時議会」＝第一二回帝国議会に提出された民法中修正案とを彼は同じもののように錯覚していたと想定すれば、その書き方もさほどお

［民法研究第２号／2000年10月］

かしくはない。両会期の間に民法後二編についてもう一度（最終的な）整理会が開かれ、彼のいう「明治三十年……確定案」にかなり重要な修正を加えた案が第一二回帝国議会に提出されて可決・公布にいたったということを、彼は知らなかったから、あのような書き方をしたのではなかろうか。

ともあれ、本誌第一巻一五一頁の記述は、前掲会報の記載を踏まえて然るべく訂正しなければならない。具体的には、

①一五一頁三行目「後二編は」から四行目「提出されず」までを、

「明治三十年ノ末ニ確定案ト為」ったものがそのまま

と改め、

②一五一頁九行目「富井は、」からそのパラグラフの末尾までを、

彼は、第二四回整理会（明治三〇年一二月）までの議を経た「確定案」に基づく民法中修正案が、第一一回帝国議会に提出され翌日の衆議院解散のため審議されないままとなったあと、翌年四月の第二五回整理会でなされた手直し（字句修正程度の手直しをもふくめていえば後出一五八頁の表の『最終整理用／民法中修正案』にそった手直し）によって増補改訂版ともいうべきものに作り替えられ、この新しい民法中修正案が第一二回帝国議会に提出されて可決・公布にいたったということを知らなかったから、後二編について漫然と「明治三十年ノ末ニ確定案ト為リ翌三十一年ノ臨時議会ニ提出シテ可決セラレ」というような書き方をしたのではなかろうか。

と改める。

——一九九七年七月稿——

箕作麟祥民法修正関係文書一覧

広中俊雄

目次

［民法研究第２号／2000年10月］

まえおき

本稿に収めるのは、国立国会図書館憲政資料室作成（一九七三年）の『箕作阮甫・箕作麟祥関係文書目録』において「一二五」・「一三八」・「一三九」という番号がついている文書を私が細分のうえ一覧表にまとめた『箕作麟祥文書（A）私製仮目録』（一九九九年五月二八日調製）および東京大学法学部法制史資料室に未整理のまま重ね積みの形で保管されている箕作麟祥関係文書（拙稿「日本民法典編纂史とその資料」民法研究一巻（一九九六年一〇月、信山社発行）一五九―一六〇頁参照）を上から順に確認しつつ一覧表にまとめた『箕作麟祥文書（B）仮目録』（一九九九年一一月一三日調製）より、民法修正（明治二五年法律第八号＝民法及商法施行延期法律のいう「修正」）に関連する文書を選び出し、それぞれにつき標題その他の要目を整えたうえ、それらを福島正夫編『明治民法の制定と穂積文書――「法典調査会穂積陳重博士関係文書」の解説・目録および資料――』（一九五六年、民法成立過程研究会発行（一九八九年、信山社刊『穂積陳重立法関係文書の研究』所収））の分類方法に従って分類・列記したリストであり、名づけて「箕作麟祥民法修正関係文書一覧」という。上記福島本の分類方法に従うこととしたのは、その分類方法を適切なものと考えたからであるほか、同じ分類方法をとることによって、穂積文書に欠けており箕作文書に含まれている民法修正関係文書の検索が容易になる等の利便を期待したからである（穂積文書の目録が「A目録」・「B目録」に分かれることにつき後述一七九頁参照）。この「箕作麟祥民法修正関係文書一覧」は、具体的には次の各部によって編成される。

第一部　法典調査の基本に関する資料

第二部　乙号議案および民法目次仮案

第三部　甲号議案
第四部　甲号議案草稿
第五部　民法甲号議案審議の場に提出された修正案(1)
第六部　民法決議案
第七部　民法整理会の議案
第八部　民法修正案の理由書
第九部　民法修正関係参考資料
第一〇部　帝国議会議案「民法中修正案」関係資料

(1)　別言すれば、日本学術振興会複製の『法典調査会民法主査会議事速記録』、『法典調査会民法総会議事速記録』および『法典調査会民法議事速記録』に出てくる修正案のことであり、甲号議案に対する修正案のほか、時として決議案に対する修正案もある。なお、箕作文書中の修正案には、ある条文の部分が（または全部が条文ごとに）切り離されて（標題部分などがなくなっているのはその際に破棄されたのであろう）対応する甲号議案（または時として決議案。以下この注で同じ）の該当個所に貼り込まれているもの、あるいは修正内容が甲号議案の該当箇所に墨筆で移記されているものが少なくない（これは、法典調査会の会議でしばしば議長を務めた箕作の几帳面な性格をあらわしているように思われる）が、切り離されて甲号議案に貼り込まれているものは、断簡と区別して切取片と表示する。

さきに述べた二つの仮目録は、信山社から刊行されることになっている『日本民法典資料集成』の編集上の参考とするために調製したものであり、公表を予定したものではない。『箕作麟祥文書（B）仮目録』のほうは、そのコピーを東京大学法学部法制史資料室に渡してあるが、その仮目録に示した文書は未整理のものなので、当分の間（少なくとも整理および受入手続が完了するまで）同資料室において一般の閲覧などに供する措置をとることはできない由である（『箕作麟祥文書（B）仮目録』に示した文書には、民法修正関係文書のほかに旧民法関係文書、民法以外に関する立法関係文書および立法関係以外の文書が多数あり、然るべき研究者によってなされるであろうこれら全部の整理および目録化にはなお若干の時間がかかるものと推測される）。

本稿をここに掲載（公表）するのは、箕作家旧蔵の立法関係文書に含まれる民法修正関係文書にはどのようなものがあるかをとりあえず学界に報じておくためであり、解説は――個別文書について〔 〕内に最小限の解説的記述をすることもないではないが――原則として付けない。この「文書一覧」が不完全ながら多少とも研究上の参考となりうるなら幸いである。

箕作麟祥民法修正関係文書一覧

凡例

(1)『箕作麟祥文書（A）私製仮目録』では、その対象たる前記「一一五」・「一三八」・「一三九」の文書（信山社が申請して交付を受けた複写――マイクロフィルムの紙焼き――は二一一枚で、一から二一一までの一連番号が打たれている）を、まずⅠ・Ⅱ・Ⅲに分け（大分類）、つぎに、国立国会図書館憲政資料室の保管において「分類番号＝一一五、名称＝箕作家文書、標題＝民法草案書類／明二六、二七年／八冊／（コンニャク版）」と表示されている文書を内容の実質に従って1番ないし12番の個別文書に細分し（Ⅰの小分類）、「分類番号＝一三八、名称＝箕作家文書、標題＝法典調査会書類／明治二六、二七年／八点／（コンニャク版）」と表示されている文書を内容の実質に従って1番ないし25番の個別文書に細分し(IIの小分類)、「分類番号＝一三九、名称＝箕作家文書、標題＝法典調査会規程、規程理由書及同会議事規則／四冊／(コンニャク版)」と表示されている文書四綴りに1番ないし4番の個別文書番号を付した(IIIの小分類)が、本「文書一覧」で個別文書の所在を示すにあたっては、各個別文書の標題その他の要目(後述(3)参照)を記載したあと末尾(最下部)にAの記号、大分類のローマ数字および小分類のアラビア数字(その下に括弧書きで信山社の保管する複写の一連番号)を記載する。たとえば「AIの3(25)」は国立国会図書館憲政資料室保管の箕作家文書一一五の3番(複写の二五枚目(以下))を指し、「AIIIの2(182)」は同右一三九の2番(複写の一八二枚目(以下))を指す。

(2)『箕作麟祥文書(B)仮目録』では、その対象たる全文書につき信山社が許可を得て撮影したマイクロフィルム(七リール)からの複写――紙焼き――四四一三枚の一連番号で個別文書を特定したが、本「文書一覧」で個別文書の所在を示すにあたっては、各個別文書の標題その他の要目(後述(3)参照)を記載したあと末尾(最下部)にBの記号、信山社撮影のマイクロフィルムのリール番号(括弧書き)および信山社の保管するその複写の一連番号を記載する。たとえば「B(1)64」は東京大学法学部法制史資料室に保管されている未整理箕作文書のマイクロフィルム(第一リール)からの複写の六四枚目(以下)を指し、「B(6)3498」は同文書のマイクロフィルム(第六リール)からの複写の三四九八枚目(以下)を指す。

(3) 本「文書一覧」掲出の個別文書について記載する標題のうち、『』で示すのは文書自体に付いている標題であるが、ほかに、文書中の字句を「」内に引用して作った標題と「(　)」による引用もない標題とがある。また、文書の作成・配付等の年月日のうち文書自体にその全部または一部の記載がない場合にも、他の資料で判明するものについては〔　〕内にその記載を書き入れる。文書の分量については、活版刷りで頁付けのある文書はもとより、蒟蒻版刷りでも――両面印刷の場合にせよ片面印刷で袋綴じになっている場合にせよ―頁付けのある文書は、頁数で分量を表わし、片面印刷で頁付けのない文書は、丁付けの有無にかかわらず、枚数（半裁と見られるものも一枚として計算する）で分量を表わすという方法による。なお、文書への書込みがある場合には、誤記訂正とみられるものを除き、「書込みあり」と記載する。(2)

（2） 穂積陳重文書（目録として福島正夫編（前掲）『穂積陳重立法関係文書の研究』第一部（＝A目録）・第二部（＝B目録）のほか、東京大学法学部近代立法過程研究会「近代立法過程研究会収集資料紹介（三二）」国家学会雑誌九一巻七・八号八七頁以下参照）でも、梅謙次郎文書（梅文書研究会編『法政大学図書館所蔵梅謙次郎文書目録』（二〇〇〇年、法政大学ボアソナード記念現代法研究所発行）参照）でも、田部芳文書（既存の目録として東京大学法学部図書室の『田部芳氏寄贈図書目録』・『田部通氏寄贈図書目録』があるが、それ以外の未整理文書につき広中（前掲）「日本民法典編纂史とその資料」民法研究第一巻二六〇頁参照）でも、貴重な書込みの箇所が製本の際の化粧裁ちのため部分的に切り落されて判読困難となっている例を見かけるが、箕作文書は未整理ゆえに未製本であり、そのような例はない。将来、整理が終わったあと製本をすることになっても、製本に際しては書込み箇所の保存に細心の注意が払われるよう切望する。

＊　＊　＊

第一部　法典調査の基本に関する資料

1 「民法及商法ニ関スル建議ニ付演説セシ意見」（明治二四年）二月一八日付（返書）村田保より山田法律取調委員長あて　蒟蒻版六頁　B（1）83

2 『民法商法施行延期法律案』（次揭3の原稿）　蒟蒻版三枚　B（1）89

3　『民法商法施行延期法律案』　明治二五年五月一六日村田保発議の法律案の印刷物（貴第一号〔同年〕五月二一改め二三日配付）　活版一〇頁と白紙一枚（書込みあり）　B（1）57

4　「法典調査規程」案上進書　ⓐ明治二六年三月三一日付上進状　梅謙次郎・富井政章・穂積陳重より内閣総理大臣伯爵伊藤博文あて／ⓑ別紙『法典調査規程』（全三五条の案）　蒟蒻版（法制局用紙）九枚（書込みあり）　AⅢの1（171）

5　『法典調査規程理由書』（前出4の添付文書）　蒟蒻版（法制局用紙）一八枚　AⅢの4（194）

6　修正「法典調査規程」案（前出4の上進案を三章建・全三一条の案に改めたもの）　蒟蒻版（表紙一枚、本文七枚の計）八枚（書込みあり）　AⅢの2（182）

7　『法典調査委員会議事規則』（全二〇条から成る案）　蒟蒻版（法制局用紙）三枚（書込みあり）　AⅢの3（190）

8　『〔明治二六年〕内閣送第三号』　ⓐ明治二六年四月二七日付「法典調査規程別紙ノ通定メラレ候」旨通達　内閣書記官長伊東巳代治より法典調査会総裁伯爵伊藤博文あて／ⓑ別紙　法典調査規程の制定文および規程全三三条（前出6の第二章・第三章と前出7とを修正・一本化したもの）　蒟蒻版（内閣用紙）七枚　AⅡの2（88）

9　「法典調査ノ方針」案（前出6の第二章を修正した法典調査会委員総会議案）　蒟蒻版（内閣用紙）三枚（書込みあり）　AⅡの1（85）

10　『議員番号一覧表（仮定）』　蒟蒻版一枚（明治二六年四月任命の副総裁・主査委員・査定委員計四〇人の一覧表で、同月二八日の第一回委員総会のために用意されたものと思われるが、一九人の氏名の上に副総裁ないし翌月一二日の第一回主査委員会で担任の旨の報告のあった整理委員または報告

委員であることを示す書込みがある」 AⅡの22（1 59）

11 議席配置図 蒟蒻版一枚（明治二六年七月三日追加任命の査定委員を含む全構成員の席を示した法典調査会委員総会議席配置図で、翌日の第三回委員総会のために作られたものと思われるが、同月五日から翌年二月末までの間に免ぜられた神鞭・千家・木下（周一）三査定委員の名が消されて前二者の席に一月三一日任命の尾崎・斯波両査定委員の名が書き込まれている） AⅡの23（1 60）

12 『〔明治二七年〕司法省民刑第四〇六号』 〔ⓐ〕明治二七年一一月八日付「本年勅令第三十号法典調査会規則第一条ニ『……法例、民法、商法及附属法律ノ修正案ヲ起草審議ス』トアルニ基キ法典調査会ニ於テ該附属法律ノ範囲ニ属スルモノトシテ其修正案ヲ起草審議セラルルハ何々ノ法律ニ可有之候哉……」との照会 司法大臣芳川顕正より法典調査会総裁伯爵伊藤博文あて／〔ⓑ〕同年一二月日付の総裁名義「回答案」（同月一一日『民法議事速記録』参照） 蒟蒻版一枚 B（1）80

13 議事ニ関スル申合規則（明治二九年四月一五日配付） 蒟蒻版一枚 B（1）87

第二部 乙号議案および民法目次仮案

1 『乙第一号』 蒟蒻版一枚（書込みあり） AⅡの11（1 39）

2 『乙第二号』 蒟蒻版一枚 AⅡの12（1 40）

3 『乙第三号』 蒟蒻版一枚 AⅡの13（1 41）

4 『乙第四号』、『乙第五号』 蒟蒻版一枚 AⅡの14（1 42）

5 『乙第六号』 蒟蒻版一枚 AⅡの15（1 43）

6　「乙第七号乃至第九号予決議案」送付状　明治二六年五月二三日付（「右議案議決後曩ニ御配付置候第一編目次（後出17）及ヒ別紙第二編目次（後出18）ニ付キ御意見相伺度」旨起草委員の添え書き）蒟蒻版一枚　AIIの10（138）
7　『乙第七号』、『乙第八号』、『乙第九号』　蒟蒻版一枚（書込みあり）　AIIの16（144）
8　『乙第十号』、『乙第十一号』、『乙第十二号』　蒟蒻版一枚　AIIの17（145）
9　『乙第十三号』、『乙第十四号』、『乙第十五号』　蒟蒻版一枚（書込みあり）　AIIの18（146）
なお主査委員会の乙第一号ないし乙第一三号審議の結果につき第三部4の『参考書』参照。
10　『（別紙）乙第十六号』　蒟蒻版一枚（書込みあり）　AIIの19（147）
11　『乙第十七号』　蒟蒻版一枚（書込みあり）　AIIの20（148）
12　『乙第十八号』　明治二八年五月一日配付　蒟蒻版一枚（書込みあり）　B（130）
13　『乙第（三十改め）十九号』　明治二八年五月一五日配付　蒟蒻版一枚（書込みあり）　B（131）
14　『乙第二十号』　明治二八年五月一五日配付　蒟蒻版一枚（書込みあり）　B（132）
15　『乙第二十一号』　明治二八年六月一日配付　蒟蒻版一枚（書込みあり）　B（129）
16　『乙第二十二号』　蒟蒻版一枚　B（187）
17　「民法第一編総則目次」仮案　明治二六年五月一六日配付　蒟蒻版一枚（書込みあり）　AIIの3（96）
18　「民法第二編物権目次」仮案　明治二六年五月二三日配付　蒟蒻版一枚　AIIの4（97）
19　「民法第三編人権目次」仮案　明治二六年五月二五日配付　蒟蒻版二枚（書込みあり）　AIIの5（98）
20　「民法第四編目次」仮案　明治二六年五月三〇日配付　蒟蒻版一枚（書込みあり）　AIIの6（100）
21　「民法第五編目次」仮案　明治二六年六月一日配付　蒟蒻版一枚　AIIの7（101）

第三部　甲号議案

1　『甲第壱号』　民法全編目次（法典調査会主査委員会議案であり、甲第三号からは甲第六号まで「（主）」が冒頭に付くようになる）　配付日付不明（日本学術振興会複製版『民法第一議案』一丁および七丁は本文書および次掲2の文書につき総裁・副総裁あて「……委員へ配布可然哉」との明治二六年六月六日付伺書の存在を示唆）　蒟蒻版五枚（書込みあり）　B（6）3574

2　『甲第二号』　商法編別・目次（第二部9の『乙第十四号』・『乙第十五号』とともに明治二六年六月三〇日の主査委員会で終了間際に話題となったが審議されないままとなった）　配付日付不明（前出1の括弧書き参照）　蒟蒻版三枚　B（6）3580

3　「（総）甲第一号議案及参考書」送付状　明治二六年七月一日付　蒟蒻版一枚　AⅡの21（149）

4　『（総）甲第一号』および『参考書（主査委員会議決按）』　民法全編目次および主査委員会の乙第一号ないし乙第一三号審議結果　蒟蒻版八枚　AⅡの21（150）

5　『（主）甲第三号』第一編総則第一章人（条文案・参照条文・理由）　明治二六年九月二一日配付　活版（凡例一頁＝裏白と別の頁付で）六三頁（標題・配付日付は蒟蒻版付加刷、書込みあり）　B（6）3583

6　「（総）甲第二号議案」送付状　明治二六年一〇月二一日付　蒟蒻版一枚　AⅡの24（162）

7　『（総）甲第二号』　第一編第一章人（条文案）　明治二六年一〇月三一日配付　蒟蒻版（穂積文書A目録のものとは異なる版）九枚（書込みあり）　AⅠの1（2）

8 『(主)甲第四号』 第二章法人（条文案・参照条文・理由） 明治二六年一一月二〇日配付 活版（凡例一頁＝裏白と別の頁付で）六七頁（標題・配付日付は蒟蒻版付加刷、書込みあり） B（6）3617

9 『(総)甲第三号』 第二章法人（条文案） 明治二七年一月二〇日配付 蒟蒻版一一枚（書込みあり） AIの2（12）

10 『(主)甲第五号』 第三章物、第四章法律行為第一節意思表示（条文案・参照条文・理由） 明治二七年二月一三日配付 活版（凡例二頁と別の頁付で）五二頁（標題・配付日付は蒟蒻版付加刷、書込みあり） B（6）3653

11 『(総)甲第四号議案』 第三章物、第四章法律行為第一節意思表示（条文案） 明治二七年三月六日配付 蒟蒻版三枚（書込みあり） AIの3（25）

12 『(主)甲第六号』 第四章第二節代理（条文案） 明治二七年三月二四日配付 活版七頁（標題・配付日付は蒟蒻版付加刷、書込みあり） B（6）3679の2

13 『代理』 第四章第二節代理の条文案についての参照条文 蒟蒻版五枚 AIの4（28）

14 『甲第七号議案』 第四章第三節無効及ヒ取消（条文案・参照条文） 明治二七年四月六日配付 活版四頁（標題・配付日付は蒟蒻版付加刷、書込みあり） B（6）3683

15 『甲第八号』 第四章第四節条件及ヒ期限（条文案・参照条文） 明治二七年四月一七日配付 活版六頁（標題・配付日付は蒟蒻版付加刷、朱筆訂正あり、書込みあり） B（6）3685

16 『甲第九号』 第五章期間（条文案・参照条文） 明治二七年四月二五日配付 活版三頁（標題・配付日付は蒟蒻版付加刷、書込みあり） B（6）3688

17 『甲第十号』 第六章時効（条文案・参照条文） 明治二七年五月一日配付 活版一六頁（標題・配

付日付は蒟蒻版付加刷、書込みあり） B（6） 3691

18『甲第十一号』第二編物権第一章総則、第二章占有権（条文案・参照条文） 明治二七年五月一八日配付 活版一四頁（標題・配付日付は蒟蒻版付加刷、朱筆訂正あり、書込みあり） B（6） 3698

19『甲第十二号』第三章所有権第一節所有権ノ限界（条文案・参照条文） 明治二七年六月五日配付 活版一四頁（標題・配付日付は蒟蒻版付加刷、朱筆訂正あり、書込みあり） B（6） 3705

20『甲第十三号』第三章第二節所有権ノ取得、第三節共有（条文案・参照条文） 明治二七年九月七日配付 活版一四頁（標題・配付日付は蒟蒻版付加刷、書込みあり） B（6） 3713

21『甲第十四号』第四章地上権、第五章小作権（条文案・参照条文） 明治二七年九月二四日配付 活版六頁（書込みあり） B（6） 3719

22『甲第十五号』第六章地役権（条文案・参照条文） 明治二七年一〇月二日配付 活版九頁（書込みあり） B（6） 3722

23『甲第十六号』第七章留置権（条文案・参照条文） 明治二七年一〇月九日配付 活版四頁（書込みあり） B（6） 3728

24『甲第十七号』第八章先取特権（条文案・参照条文） 明治二七年一〇月一八日配付 活版一七頁（書込みあり） B（6） 3730

25『甲第十八号』第九章質権（条文案・参照条文） 明治二七年一一月六日配付 活版一二頁（書込みあり） B（6） 3284

26『甲第十九条』第一〇章抵当権（条文案・参照条文） 明治二七年一一月二四日配付 活版一六頁（書込みあり） B（6） 3290

27『甲第二十号』第三編債権第一章総則第一節債権ノ目的、第二節債権ノ効力（条文案・参照条文）B（6）3397
明治二八年一月八日配付 活版一四頁（書込みあり）

28『甲第二十号追加』第一節債権ノ目的（追加分（選択債務））（条文案・参照条文）明治二八年一 B（6）3404
月一八日配付 活版三頁（書込みあり）

29『甲第二十一号』第三節多数当事者ノ債権第一款総則、第二款不可分債務、第三款連帯債務（条文 B（6）3406
案・参照条文）明治二八年一月二四日配付 活版一二頁（書込みあり）

30『甲第二十二号』第三節第四款保証債務（条文案・参照条文）明治二八年三月二日配付 活版一 B（6）3412
二頁（書込みあり）

31『甲第二十二号追加』第四節債権ノ譲渡（条文案・参照条文）明治二八年三月一九日配付 活版 B（6）3418
四頁（書込みあり）

32『甲第二十三号』第五節債権ノ消滅第一款弁済（前半）（条文案・参照条文）明治二八年二月一 B（6）3420
三日配付 活版六頁（書込みあり）

33『甲第二十四号』第五節第一款弁済（後半）（条文案・参照条文）明治二八年二月二〇日配付 活 B（6）3423
版一二頁（書込みあり）

34『甲第二十五号』第五節第二款相殺（条文案・参照条文）明治二八年三月二三日配付 活版四頁 B（6）3432
（書込みあり）

35『甲第二十六号』第五節第三款更改（条文案・参照条文）明治二八年三月二七日配付 活版三頁 B（6）3434
（書込みあり）

36『甲第二十七号』第五節第四款免除、第五款混同（条文案・参照条文）明治二八年三月二九日配

付　活版一頁（書込みあり）（二つ折りにする一枚の紙に甲第二七号＝一頁のあと改丁の形で第四一一条・第四一四条修正案＝一頁が来るよう印刷されていたが、後者は切り離されて第四一一条修正部分の切取片が第六部15に貼り込まれている。第五部12参照）　B（6）3436

37 『甲第二十八号』　第二章契約第一節総則第一款契約ノ成立（前半）（条文案・参照条文）　明治二八年四月二日配付　活版五頁（書込みあり）　B（6）3299

38 『甲第二十九号』　第一節第一款契約ノ成立（後半）（条文案・参照条文）　明治二八年四月六日配付　活版三頁（書込みあり）　B（6）3302

39 『甲第三十号』　第一節第二款契約ノ効力（条文案・参照条文）　明治二八年四月一〇日配付　活版四頁（書込みあり）　B（6）3304

40 『甲第三十一号』　第一節第三款契約ノ解除（条文案・参照条文）　明治二八年四月一九日配付　活版五頁（書込みあり）　B（6）3306

41 『甲第三十二号』　第二節贈与（条文案・参照条文）　明治二八年四月二三日配付　活版三頁（書込みあり）　B（6）3309

42 『甲第三十三号』　第三節売買第一款総則、第二款売買ノ効力（前半）（条文案・参照条文）　明治二八年四月二七日配付　活版六頁（書込みあり）　B（6）3311

43 『甲第三十四号』　第三節第二款売買ノ効力（後半）（条文案・参照条文）　明治二八年四月三〇日配付　活版七頁（書込みあり）　B（6）3315

44 『甲第三十五号』　第三節第三款買戻、第四節交換（条文案・参照条文）　明治二八年五月四日配付　活版六頁（書込みあり）　B（6）3319

45『甲第三十六号』　第五節消費貸借、第六節使用貸借（条文案・参照条文）　明治二八年五月二一日配付　活版八頁（書込みあり）　B（6）33 22

46『甲第三十七号』　第七節賃貸借（条文案・参照条文）　明治二八年六月一一日配付　活版一四頁（書込みあり）　B（6）33 26

47『甲第三十八号』　第八節雇傭（条文案・参照条文）　明治二八年六月二二日配付　活版六頁（書込みあり）　B（6）33 33

48『甲第三十九号』　第九節請負（条文案・参照条文）　明治二八年七月二日配付　活版六頁（標題中「甲」は墨書。書込みあり）　B（6）33 36

49『甲第四十号』　第一〇節委任（条文案・参照条文）　明治二八年七月八日配付　活版九頁（書込みあり）　B（6）33 39

50『甲第四十一号』　第一一節寄託（条文案・参照条文）　明治二八年七月一六日配付　活版五頁（書込みあり）　B（6）33 46

51『甲第四十二号』　第一二節会社（前半）（条文案・参照条文）　明治二八年七月二〇日配付　活版六頁（書込みあり）　B（6）33 50

52『甲第四十三号』　第一二節会社（後半）（条文案・参照条文）　明治二八年九月二日配付　活版五頁（書込みあり）　B（6）33 53

53『甲第四十四号』　第一三節終身定期金、第一四節賭事、第一五節和解（条文案・参照条文）　明治二八年九月七日配付　活版六頁（書込みあり）　B（6）33 56

54『甲第四十五号』　第三章事務管理（条文案・参照条文）　明治二八年九月一〇日配付　活版四頁（書

込みあり） B（6） 33 59

55『甲第四十六号』第四章不当利得（条文案・参照条文） 明治二八年九月一一日配付 活版四頁（書込みあり） B（6） 33 61

56『甲第四十七号』第五章不法行為（条文案・参照条文） 明治二八年九月一八日配付 活版九頁（暗赤色の訂正のほか書込みあり） B（6） 33 63

57『甲第四十八号』第四編親族第一章総則、第二章戸主及ヒ家族第一節総則、第二節戸主及ヒ家族ノ権利義務（条文案・参照条文） 明治二八年一〇月八日配付 活版八頁（書込みあり） B（5） 26 17

58『甲第四十九号』第二章第三節戸主権ノ喪失（条文案・参照条文） 明治二八年一〇月二二日配付 活版六頁（書込みあり） B（5） 26 23

59『甲第五十号』第三章婚姻第一節婚姻ノ成立第一款婚姻ノ要件、第二款婚姻ノ無効及ヒ取消、第三款罰則（条文案・参照条文） 明治二八年一一月一三日配付 活版二九頁（書き込みあり） B（5） 26 28

60『甲第五十一号』第一節第二款婚姻ノ無効及ヒ取消（追加分）（条文案・参照条文） 明治二八年一二月四日配付 活版三頁（書込み＝「此議案ハ廃棄ニ決シ」云々） B（4） 25 54

61『甲第五十二号』第二節婚姻ノ効力、第三節夫婦財産制（条文案・参照条文） 明治二八年一二月六日配付 活版九頁（書込みあり） B（5） 26 43

62『甲第五十三号』第四節離婚（条文案・参照条文） 明治二九年一月七日配付 蒟蒻版一五枚（書込みあり） B（5） 28 25

63『甲第五十三号』第四節離婚（条文案・参照条文） 明治二九年一月七日配付 活版九頁（書込みあり） B（4） 25 56

64『甲第五十四号』　第五章親権（条文案・参照条文）　明治二九年一月一一日配付　活版一一頁（書込みあり）　B（5）　26 06

65『甲第五十五号』　第四章親子第一節実子（条文案・参照条文）　明治二九年一月一八日配付　活版九頁（書込みあり）　B（5）　26 12

66『甲第五十六号』　第二節養子（条文案・参照条文）　明治二九年一月二四日配付　活版二四頁（書込みあり）　B（4）　25 04

67『甲第五十七号』　第八章扶養ノ義務（条文案・参照条文）　明治二九年四月一三日配付　活版六頁（書込みあり）　B（5）　32 21

68『甲第五十八号』　第六章後見第一節後見ノ開始、第二節後見ノ機関第一款後見人（条文案・参照条文）　明治二九年四月二〇日配付　活版一三頁（書込みあり）　B（6）　35 51

69『甲第五十九号』　第二節第二款後見監督人、第三節後見ノ事務（条文案・参照条文）　明治二九年四月二九日配付　活版一五頁（書込みあり）　B（6）　35 57

70『甲第六十号』　第四節後見ノ終了、第七章親族会（条文案・参照条文）　明治二九年五月九日配付　活版一〇頁（書込みあり）　B（6）　35 65

71『甲第六十一号』　第五編相続第一章家督相続第一節総則、第二節家督相続人ノ資格（条文案・参照条文）　明治二九年五月一六日配付　活版六頁（書込みあり）　B（6）　34 37

72『甲第六十二号』　第三節家督相続ノ順位（条文案・参照条文）　明治二九年五月二〇日配付　活版一六頁（書込みあり）　B（6）　34 40

73『甲第六十三号』　第四章（のちの第三章）　相続ノ承認及ヒ抛棄（条文案・参照条文）　明治二九年

六月二六日配付　活版一四頁（書込みあり）　B（6）3458

74『甲第六十四号』　第五章（のちの第四章）財産ノ分離（条文案・参照条文）　明治二九年七月二四日配付　活版五頁（書込みあり）　B（6）3467

75『甲第六十五号』　第二章遺産相続第一節総則、第二節遺産相続人（条文案・参照条文）　明治二九年九月九日配付　活版七頁（書込みあり）　B（6）3449

76『甲第六十六号』　第三節遺産相続ノ効力第一款総則、第二款相続分（前半）（条文案・参照条文）　明治二九年九月一二日配付　活版四頁（書込みあり）　B（6）3453

77『甲第六十七号』　第三節第二款相続分（後半）、第三款遺産ノ分割（条文案・参照条文）　明治二九年九月二一日配付　活版四頁（書込みあり）　B（6）3456

78『甲第六十八号』　第五章相続人ノ曠欠（条文案・参照条文）　明治二九年九月二八日配付　活版四頁（書込みあり）　B（6）3470

79『甲第六十九号』　第六章遺言第一節総則（条文案・参照条文）　明治二九年一〇月三日配付　活版三頁（書込みあり）　B（6）3472

80『甲第七十号』　第二節遺言ノ方式第一款普通方式（条文案・参照条文）　明治二九年一〇月一二日配付　活版七頁（書込みあり）　B（6）3474

81『甲第七十一号』　第二節第二款特別方式（条文案・参照条文）　明治二九年一〇月一九日配付　活版六頁（書込みあり）　B（6）3478

82『甲第七十二号』　第三節遺言ノ効力（条文案・参照条文）　明治二九年一一月九日配付　活版一〇頁（書込みあり）　B（6）3482

83 『甲第七十三号』 第四節遺言ノ執行（条文案・参照条文） 明治二九年一一月二一日配付 活版八頁 B（6）34 87

84 『甲第七十四号』 第五節遺言ノ取消（条文案・参照条文） 明治二九年一二月四日配付 活版三頁 B（6）34 91

85 『甲第七十五号』 第七章遺留分（条文案・参照条文） 明治二九年一二月一二日配付 活版九頁 B（6）34 93

第四部 甲号議案草稿

なし

第五部 民法甲号議案審議の場に提出された修正案

1 「（総）甲第二号議案ニ関」する修正案（第四条修正、第五条削除、第六条―第九条修正、第一〇条削除、第一八条第二項修正、第二〇条第三項削除） 「査定委員」磯部四郎提出 明治二六年一〇月二七日付 蒟蒻版四枚（書込みあり） AⅡの25（1 63）

2 修正案（第五〇条） 蒟蒻版一枚（第三部8に挟込み） B（6）36 31

3 『第九十五条修正案』 梅謙次郎提出 蒟蒻版二枚 AⅠの10（48）

4 『修正案』（第九六条修正、第九七条新設） 「委員」富井政章提出 蒟蒻版一四枚 AⅠの11（50）

5 『第九十八条〔（総）甲第四号〕修正案』 穂積陳重／梅謙次郎提出 蒟蒻版一四枚 AIの12（65）

6 『修正案』〔二枚中一枚（新第二三三条―第二三五条、参照条文つき）のみ〕 起草委員提出 明治二七年七月六日配付 蒟蒻版一枚（条名訂正を含め書込みあり）〔第三部19に挟込み〕 B（6）3711

7 修正案〔切取片＝第二七七条（穂積文書A目録第六部乙11中のものと同じ）〕 蒟蒻版（条名を第二七八条とした鉛筆の書込みあり）〔第三部21に貼込み〕 B（6）3722

8 修正案〔切取片＝第三二四条、第三三四条〕 蒟蒻版（書込みあり）〔第三部24に貼込み〕 B（6）3735／3737―3738

9 『修正案』（質権の章の末尾に新第三六五条―第三六七条追加） 田部委員提出 蒟蒻版一枚（書込みあり） B（1）93

10 修正案（第三八四条、第三八五条） 起草委員提出 蒟蒻版一枚（書込みあり）〔標題切断、第三部26に貼込み〕 B（6）3294

11 修正案〔切取片＝蒟蒻版決議案第三九九条に第二項追加〕 〔起草委員提出〕 蒟蒻版〔第六部15に貼込み〕 B（1）41

12 修正案〔切取片＝蒟蒻版決議案第四一一条を修正〕 〔起草委員提出〕 活版〔第六部15に貼込み〕 B（1）44

13 『修正案』（第四九八条修正、第四九九条削除） 起草委員提出 蒟蒻版一枚〔第三部33に挟込み〕 B（6）3424

14 修正案〔切取片＝第五一〇条（参照条文つき）〕 起草委員提出 蒟蒻版（書込みあり）〔標題切断、第三部33に貼込み〕 B（6）3429

15　『修正案』（第五六四条―第五六六条）　起草委員提出　蒟蒻版一枚（第三部42に挟込み）　B（6）33 13

16　修正案（第六五二条）（起草委員提出）　蒟蒻版一枚（書込みあり）（第三部49に貼込み）　B（6）33 40

17　『修正案』（第六七三条、参照条文つき）　起草委員提出　蒟蒻版一枚（書込みあり）（第三部50に貼込み）　B（6）33 48

18　『修正案』（第七一八条削除（第七一二条第二項新設の付随案も）、第七三〇条第二項削除）　梅謙次郎提出　蒟蒻版五枚（書込みあり）　B（1）51

19　修正案（切取片＝新第七二一条（原案第七三一条第一項を修正のうえ原案第七一九条の次に移して新第七二〇条としたのに続く新条文であり、あと順次条番号繰下げ））　蒟蒻版（「第七百二十一条」は朱書）（第三部56に貼込み）　B（6）33 63

20　修正案（第七四四条（旧第七四一条））　起草委員提出　蒟蒻版一枚（標題切断、第三部57に貼込み）　B（5）26 19

21　修正案（第七五二条（旧第七四九条））　起草委員提出　蒟蒻版一枚（標題切断、第三部57に貼込み）　B（5）26 21

22　修正案（切取片＝新第七五五条）　起草委員提出　蒟蒻版（第三部57に貼込み）　B（5）26 23

23　『修正案』（第七四六条―第七五七条）　起草委員提出　蒟蒻版二枚（穂積文書A目録のものとは異なる）　B（5）31 67

24　『修正案』（第七四二条―第七七〇条）　起草委員提出　蒟蒻版一枚　B（5）31 70

25『修正案』（新第七四三条）起草委員提出　蒟蒻版一枚　B（5）31 69

26『修正案』（第七六二条）　起草委員提出　蒟蒻版一枚（標題切断、第三部58に貼込み）　B（5）26 25

27『修正案』（新第七六三条）起草委員提出　蒟蒻版一枚　B（5）31 71

28『修正案』（第七六二条、新第七六八条）起草委員提出　蒟蒻版一枚　B（1）1 22

29『修正案』（第七六八条新設、参照条文つき）　「委員」富井政章提出　蒟蒻版一枚（書込みあり）　B（5）31 22

30『修正案』（第七六五条、第七六六条新設）　「委員」梅謙次郎提出　明治二八年一一月一五日配付　蒟蒻版一枚（配付日付は墨書、書込みあり）　B（5）31 23

31『修正案』（新第七六五条）　起草委員提出　蒟蒻版一枚　B（5）31 72

32「小生義頃日所労ニテ欠席致候ニ付無拠左ニ鄙見ヲ陳述シ諸君ノ御評議ヲ乞フ」尾崎三良意見書（甲第四九号第七六八条（↓公布民法第七六二条）を削る意見）　蒟蒻版三枚　B（5）31 64

33『修正案』（第七八三条、第七八四条、第七八六条、第七九二条）　起草委員提出　蒟蒻版一枚　B（5）31 73

34『修正案』（第七九五条）　梅謙次郎提出　蒟蒻版一枚　B（1）1 13

35『修正案』（第八二三条修正、第八二四条新設およびその理由）穂積陳重委員提出　蒟蒻版八枚（「一人モ賛成者ナシ／否決」との書込みあり）　B（1）1 14

36 修正案（公布民法第八三九条の案）起草委員提出　蒟蒻版一枚　B（1）1 04

37 修正案（切取片＝第八五六条第二項追加、第八六六条第三項追加）　起草委員提出　蒟蒻版（第三部66に貼込み）　B（4）25 10／25 13

38 『修正按』（第八七四第二項・第三項追加） 起草委員提出 蒟蒻版（標題等切断、第三部66に貼込み） B（4）2516

39 『修正案』（第八九四条新設、第八九五条修正） 起草委員提出 蒟蒻版一枚 B（1）103

40 修正案（切取片＝第九〇七条、第九〇八条）（起草委員提出、明治二九年五月一日配付） 蒟蒻版（第三部68に貼込み） B（6）3552の2

41 修正案（切取片＝第九四四条、第九四八条）（起草委員提出、明治二九年五月一八日配付（元来は二枚もの）） 蒟蒻版（第三部70に貼込み） B（6）3566／3569

42 『民法修正案』（第九五一条修正、第九五二条削除、第九五六条新設、第九五八条・第九五九条転置、第九六〇条修正） 起草委員提出 明治二九年四月二〇日配付 蒟蒻版一枚 B（1）105

43 『民法修正案』（第九四八条修正、第九四九条を削り第九五〇条を修正して新第九四九条、新第九五〇条、第九五三条・第九五八条修正） 高木委員提出 明治二九年五月一五日配付 蒟蒻版二枚 B（5）2845

44 『修正案』（前出41修正案中二枚目の第九五三条・第九五八条の修正） 高木委員提出 明治二九年五月二〇日配付 蒟蒻版一枚 B（5）2799

45 修正案（切取片＝第一〇〇六条） 蒟蒻版（第三部76に貼込み） B（6）3454

46 『修正案』（第一〇一七条―第一〇二四条に代えて新第一〇一七条―第一〇二六条） 磯部四郎提出 明治二九年七月二二日配付 蒟蒻版三枚 B（1）125

47 修正案（切取片＝新第一〇二二条―新第一〇二五条） 蒟蒻版（第三部73に貼込み） B（6）3463／3466

48 修正案〔切取片＝第一〇二四条再修正〕 蒟蒻版〔第三部73に貼込み〕 B（6） 3465

49 『修正案』（第一〇二八条―第一〇三七条）「委員」磯部四郎提出 明治二九年一一月六日配付 蒟蒻版二枚 B（5） 3147

50 『修正案』（第一〇三七条を新第一〇三七条―新第一〇三九条に） 井上委員提出 明治二九年一一月二七日配付 蒟蒻版一枚 B（5） 3157

51 修正案〔切取片＝第一〇八三条、第一〇八四条〕 蒟蒻版〔第三部81に貼込み〕 B（6） 3480

52 『民修正原案』（第七六〇条・第七六二条・第九七二条を削り第五編第一章に第四節家督相続ノ効力を追加） 明治二九年一二月四日配付 活版二頁 B（6） 3448

第六部 民法決議案

1 決議案〔『（決）第一号』の目次以外の部分〕第一編総則第一章人、第二章法人〔明治二七年三月一四日配付〕 活版三〇頁〔書込みあり〕 B（5） 3226

2 『（総）甲第四号決議案』 第一編第三章物、第四章法律行為第一節意思表示 蒟蒻版三枚 AⅠの5（33）

3 『決議案』 第四章第二節代理 明治二七年四月二〇日配付 蒟蒻版五枚 AⅠの6（36）

4 『決議案』 第四章第三節無効及ヒ取消 明治二七年四月二七日配付 蒟蒻版二枚 AⅠの7（41）

5 『決議案』 第四章第四節条件及ヒ期限 明治二七年四改め五月一七改め八日配付 蒟蒻版三枚 AⅠの8（43）

6 『決議案』第五章期間　明治二七年四改め五月二五改め八日配付　蒟蒻版一枚　AⅠの9（46）

7 『(決)第二号』第一編第三章物、第四章法律行為、第五章期間、第六章時効　明治二七年五月二五日配付　活版三六頁（標題・配付日付は蒟蒻版付加刷）　B（5）3241

8 『決議案』第二編物権第一章総則、第二章占有権　明治二七年六月一二日配付　蒟蒻版六枚　B（5）2781

9 決議案〔切取片＝新第一九五条追加〕蒟蒻版（右8に貼込み）　B（5）2784

10 『決議案』第二編第三章所有権第一節所有権ノ限界　蒟蒻版七枚　B（5）2787

11 『決議案』第三章第二節所有権ノ取得、第三節共有　蒟蒻版四枚（元来は五枚もので、第三節＝三枚のうち一枚目は下記リール番号（5）、二枚目は同（1）にあり、三枚目は欠けている）　B（5）2795／（1）111

12 『(決)第三号』第二編第一章総則、第二章占有権、第三章所有権、第四章地上権、第五章永小作権、第六章地役権　明治二七年一〇月二六日配付　活版三六頁　B（5）3254―（6）3273

13 『決議案』第七章留置権　明治二七年一一月一三日配付　蒟蒻版二枚　B（6）3274

14 『決議案』第八章先取特権　明治二七年一一月一三日配付　蒟蒻版八枚（書込みあり）　B（6）3276

15 『決議案』第三編債権第一章総則第一節債権ノ目的、第二節債権ノ効力　明治二八年三月一日配付　蒟蒻版六枚（書込みあり）　B（1）40

16 『決議案』第三節多数当事者ノ債権第一款総則、第二款不可分債務、第三款連帯債務　明治二八年三月八日配付　蒟蒻版五枚　B（5）3136

17 『決議案』第五節債権ノ消滅第一款弁済（前半）　明治二八年三月一日配付　蒟蒻版二枚　B（1）123

18　決議案　第二章契約第一節総則第一款契約ノ成立、第二款契約ノ効力（ただし第一款の第五二三条まで欠）（明治二八年四月三〇日配付）　蒟蒻版（五枚中の）四枚　B（5）2815

19　『決議案』第一節第三款契約ノ解除、第二節贈与　明治二八年五月三日配付　蒟蒻版三枚　B（5）2820

20　『決議案』第三節売買、第四節交換　明治二八年六月七日配付　蒟蒻版九枚　B（5）3078

21　『決議案』第五節消費貸借、第六節使用貸借　明治二八年六月二八日配付　蒟蒻版三枚　B（5）3088

22　『決議案』第七節賃貸借　明治二八年七月五日配付　蒟蒻版六枚　B（5）3091

23　『決議案』第八節雇傭　明治二八年七月一二日配付　蒟蒻版三枚　B（5）3097

24　『決議案』第九節請負　明治二八年七月二六日配付　蒟蒻版三枚　B（5）3100

25　『決議案』第一〇節委任　明治二八年七月三〇日配付　蒟蒻版三枚　B（5）3103

26　『決議案』第一一節寄託　明治二八年八月一〇日配付　蒟蒻版二枚　B（5）3106

27　『決議案』第一二節会社（前半）　明治二八年九月一八日配付　蒟蒻版二枚（条名一条繰下げの書込みあり）　B（5）3108

28　『決議案』第一二節会社（後半）　明治二八年九月二〇日配付　蒟蒻版三枚　B（5）3110

29　『決議案』第一三節終身定期金、第一四節和解、第三章事務管理、第四章不当利得　明治二八年一〇月七日配付　蒟蒻版四枚　B（5）3113

30　『決議案』第五章不法行為　明治二八年一〇月二三日配付　蒟蒻版四枚　B（5）3117

31　『決議案』第四編親族第一章総則（ただし末尾第七四〇条の途中まで（標題・配付日付を含む一枚）欠）、第二章戸主及ヒ家族第一節総則、第二節戸主及ヒ家族ノ権利義務、第三節戸主権ノ喪失、第三章婚姻第一節婚姻ノ成立、第二節婚姻ノ効力、第三節夫婦財産制〔明治二九年三月二五日配付〕蒟蒻版一七枚（書込みあり）　B（5）2648

32『決議案』第三章第四節離婚　明治二九年四月一四日配付　蒟蒻版三枚　B（5）2665

33『決議案』第四章親子第一節実子　明治二九年四月一四日配付　蒟蒻版五枚　B（5）2668

34『決議案』第四章第二節養子　明治二九年四月二〇日配付　蒟蒻版一一枚　B（5）2673

35 決議案　第五章親権〔標題・配付日付欠〕　蒟蒻版五枚　B（5）2684

36『決議案』第六章後見第一節後見ノ開始、第二節後見ノ機関、第三節後見ノ事務　明治二九年五月一八日配付　蒟蒻版九枚　B（5）2689

37『決議案』　第六章第四節後見ノ終了、第七章親族会　明治二九年六月二四日配付　蒟蒻版四枚　B（5）2698

38 決議案　第八章扶養〔標題・配付日付欠〕　蒟蒻版三枚　B（5）2702

39『決議案』第五編相続第一章家督相続第一節総則、第二節家督相続人ノ資格、第三節家督相続人ノ順位〔このあとに第五部52による修正で第四節家督相続ノ効力が加わる〕明治二九年七月三一日配付　蒟蒻版七枚　B（5）2774

40『決議案』　第二章遺産相続　明治二九年一〇月七日配付　蒟蒻版六枚　B（5）2850

41『民法決議案』第三章相続ノ承認及ヒ抛棄、第四章財産ノ分離　明治二九年一〇月一六日配付　蒟蒻版八枚　B（1）94

42『決議案』　第五章相続人ノ曠欠、第六章遺言第一節総則　明治二九年一一月六日配付　蒟蒻版三枚　B（5）3141

43 『決議案』 第六章第二節遺言ノ方式第一款普通方式 明治二九年一一月一二改め一三日配付 蒟蒻版三枚 B（5） 3153

第七部 民法整理会の議案

1 『(整)第一号』(第六部1『(決)第一号』の目次以外の部分を用いて作成された整理議案のうち冒頭一枚が欠けたもの) 第一編総則第一章人(ただし第九条第一項まで欠)、第二章法人〔明治二七年一二月一五日配付〕 整理案書込みのある活版(＝第六部1)二八頁(書込みあり) B（5） 2706

2 『(決改め整)第二号』 第一編第三章物、第四章法律行為、第五章期間、第六章時効 明治二七年一二月一五改め一八日配付 整理案書込みのある活版(＝第六部7)二六頁(書込みあり) B（5） 2720

3 『(決改め整)第三号』 第二編物権第一章総則、第二章占有権、第三章所有権、第四章地上権、第五章永小作権、第六章地役権 明治二七年一〇改め一二月二六改め一九日配付 整理案書込みのある活版(＝第六部12)三六頁(書込みあり) B（5） 2733

4 『(整)第四号』 第二編第七章留置権、第八章先取特権、第九章質権、第一〇章抵当権 明治二七年一二月二四日配付 整理案書込みのある蒟蒻版(＝第六部13の異版、同14の部分的異版ならびに箕作文書に欠けている明治二七年一二月二〇日配付の第九章決議案および同月二〇日配付の第一〇章決議案の計四点の綴) 二三枚(書込みあり) B（5） 2751

5 『意見書』(箕作文書に欠けている『(確)第一号』の第三六一条についての修正意見書で、明治二八年一二月二四日の民法整理会の記録では同日付のものとして記載されており、翌々日の民法整理会で修正意見は否決されたが、翌年三月に第九回帝国議会で衆議院がこの意見の趣旨にそった法案修正を含む一四日の委員会議決に基づき一六日に法案を修正可決、これが公布民法第三六四条第二項および第三六五条となった〕　尾崎委員提出　蒟蒻版二枚　B（1）108

6　整理案（第二〇〇条第一項・第二一八条修正）　起草委員提出　蒟蒻版一枚　B（5）3124

7　『整理案』（一部欠損）　第七二八条・第七三〇条修正、第七三一条・第七三四条新設、第七四一条・第七四三条・第七四九条・第七五〇条修正　整理委員提出　明治二九年一二月一五日配付　蒟蒻版三枚　B（5）3150

8　『整修正原案』　右7第七二八条・第七三〇条・第七四三条・第七四九条修正　明治三〇年六月四日配付　蒟蒻版一枚　B（1）128

9　『整理案』　第七五三条・第七五四条・第七五七条修正、旧第七五八条削除、第七六三条修正　明治三〇年六月四日配付　蒟蒻版二枚　B（1）106／28

10　『整理案』　前掲7第七四一条・第七四八条修正、第七七一条修正、第七七三条新設、第七七四条・第七七五条・第七八一条・第七八五条修正、第七八七条新設、第八〇〇条・第八〇四条・第八一一条・第八一二条・第八一四条修正、第八一八条新設、旧第八一八条・第八一九条削除、第八二〇条修正、旧第八二五条削除、第八二四条修正、旧第八二六条・第八二九条削除、第八二九条（＝旧第八三三条）修正、第八三二条新設、第八三三条・第八三九条修正、旧第八四七条削除、旧第八四八条―第八五三条修正（↓新第八四三条―新第八四九条）、第八五五条・第八五六条修正、旧第八六二条削除、旧第八六三条・第八六四条を合せ第八五八条新設、旧第八七一条―第八七九条修正（↓新第八六五条―新第

八七四条)、旧第八八〇条・第八八二条削除、第八七六条修正　明治三〇年七月七日配付　活版一六頁　B(4)25 42

11『整理案』　第八七七条・第八八三条・第八八四条・第八九〇条・第八九三条・第八九七条修正、第八九八条新設、第九〇〇条―第九〇二条・第九〇七条―第九〇九条・第九一四条・第九二三条・第九三四条・第九三五条・第九四三条・第九四四条修正、旧第九五三条削除、第九四八条・第九四九条・第九五四条・第九五六条修正、旧第九七〇条削除　活版七頁　B(4)25 50

12『外国人養子縁組ニ関スル建議』(ⓐ)「法典調査委員」尾崎三良提出の建議書　明治三〇年七月二〇日付　蒟蒻版五枚(末尾一枚分離)／(ⓑ)右建議(同年七月二一日配付)を審議する委員会(同年九月八日)の開会の通知　同年九月七日付　蒟蒻版一枚　B(5)28 56―28 61・28 65／28 24

13『決議案改め整理議案』　第四編親族　明治二九改め三〇年七改め九月一六改め六日配付　活版(目録四頁と別の頁付で)八〇頁

14『整理案』　第七四四条・第七九九条・第八一四条・第八六三条・第八六六条修正、旧第九六九条修正(→新第九六三条・新第九六四条)、旧第九七一条削除、第九六七条・第九六八条修正、第九六九条新設、第九七四条―第九七七条・第九七九条・第九八〇条・第九八二条・第九八八条修正　明治三〇年九月二八日配付　蒟蒻版五枚　B(5)25 62　B(1)1 29

第八部　民法修正案の理由書

1　凡例、「第一編　総則」、「第一章　人」、「第一節　私権ノ享有」、第一・第二各条、「第二節　能

力」、第三―第二〇各条、「第三節　住所」、第二一―第二四各条、「第四節　失踪」、第二五―第三二各条の理由書　活版（凡例一頁＝裏白と別の頁付で）三〇頁（「訂正印刷ノ分」との朱印あり）　B（6）3498

2　「第二章　法人」、「第一節　法人ノ設立」、第三三―第五一各条、「第二節　法人ノ管理」、第五二―第六七各条、「第三節　解散」、第六八―第八三条、「第四節　罰則」、第八四条の理由書　活版三六頁　B（1）136

3　「第三章　物」、第八五―第八九各条、「第四章　法律行為／第一節　総則」、第九〇―第九二各条、「第二節　意思表示」、第九三―第九八各条の理由書　活版三一頁（「訂正印刷ノ分」との朱印あり）　B（1）155

4　「第二節（節番号未訂正）代理」、第九九―第一一八各条の理由書　活版一四頁（「訂正印刷ノ分」との朱印あり）　B（1）171

5　「第三節（節番号未訂正）無効及ヒ取消」、第一一九―第一二六各条の理由書　活版六頁（「訂正印刷ノ分」との朱印あり）　（1）179

6　「第四節（節番号未訂正）条件及ヒ期限」、第一二七―第一三八各条の理由書　活版一二頁（第一三五条朱抹のあと条番号繰上げの書込みあり）　B（1）182

7　「第五章　期間」、第一三九―第一四四各条の理由書　活版七頁（条文朱抹のほか条番号一条繰上げの書込みあり）　B（6）3393

8　「第六章　時効」、「第一節　総則」、第一四四―第一六一各条、「第二節　取得時効」、第一六二―第一六五各条、「第三節　消滅時効」、第一六六―第一七四各条の理由書　活版二六頁（「訂正印刷ノ分」との朱印あり）　B（1）189

9 「第二編　物権」、「第一章　総則」、第一七五―第一七九各条、「第二章　占有権」、「第一節　占有権ノ取得」、第一八〇―第一八七各条、「第二節　占有権ノ効力」、第一八八―第二〇二各条、「第三節　占有権ノ消滅」、第二〇三・第二〇四各条、「第四節　準占有」、第二〇五条の理由書　活版一八頁（朱筆で一頁右下に「校正」との書込み、条文抹消のほか訂正書込みあり）　B（1）203

10 「第三章　所有権」、「第一節　所有権ノ限界」、第二〇六―第二三八各条の理由書　活版二二頁（「訂正印刷ノ分」との朱印あり）　B（1）217

11 「第二節　所有権ノ取得」、第二三九―第二四七各条、「第三節　共有」、第二四八―第二六三各条の理由書　活版一四頁　B（1）228

12 「第二節　所有権ノ取得」、第二三九―第二四八各条、「第三節　共有」、第二四九―第二六四各条の理由書　活版一五頁（「訂正印刷ノ分」との朱印あり）　B（1）236

13 「第四章　地上権」、第二六五―第二六九各条の理由書　活版一一頁（「訂正印刷ノ分」との朱印あり）　B（1）244

14 「（第五章）永小作権」、第二六九―第二七七各条の理由書　活版一一頁　B（1）250

15 「（第六章）地役権」、第二七八―第二九一各条の理由書　活版一五頁　B（1）256

16 「第七章　留置権」、第二九五―第三〇二各条の理由書　活版七頁（条文朱抹　B（1）264

17 「第八章　先取特権」、「第一節　総則」、第三〇三―第三〇五各条、「第二節　先取特権ノ種類」、「第一款　一般ノ先取特権」、第三〇六―第三一〇各条、「第二款　動産ノ先取特権」、第三一一―第三二四各条、「第三款　不動産ノ先取特権」、第三二五―第三二八各条、「第三節　先取特権ノ順位」、第三二九―第三三二各条、「第四節　先取特権ノ効力」、第三三三―第三四一各条の理由書　活版二九頁（条

文朱抹のほか朱訂正あり） B（1） 268

18「第八章 先取特権」、「第一節 総則」、第三〇三―第三〇五各条、「第二節 先取特権ノ種類」、「第一款 一般ノ先取特権」、第三〇六―第三一〇各条、「第二款 動産ノ先取特権」、第三一一―第三二四各条、「第三款 不動産ノ先取特権」、第三二五―第三二八各条、「第三節 先取特権ノ順位」、第三二九―第三三二各条、「第四節 先取特権ノ効力」、第三三三―第三四一各条の理由書 活版二三頁（「訂正印刷ノ分」との朱印あり） B（1） 283

19「第九章 質権」、「第一節 総則」、第三三九―第三四六各条、「第二節 動産質」、第三四七―第三五一各条、「第三節 不動産質」、第三五二―第三五七各条、「第四節 准質」、第三五八―第三六四各条の理由書 活版一三頁 B（1） 325

20「第九章 質権」、「第一節 総則」、第三四二―第三五〇各条、「第二節 動産質」、第三五一―第三五四各条、「第三節 不動産質」、第三五五―第三六〇各条、「第四節 権利質」、第三六一―第三六七各条の理由書 活版一三頁（「訂正印刷ノ分」との朱印あり） B（1） 318

21「第十章 抵当権」、「第一節 総則」、第三六五―第三六八各条、「第二節 抵当権ノ効力」、第三六九―第三九三各条、「第三節 抵当権ノ消滅」、第三九四―第三九六各条の理由書 活版四三頁 B（1） 295

22「〔第三編債権第一章総則第一節債権ノ目的の後半〕選択債務」第四〇四―第四〇九各条の理由書 活版三頁 B（1） 332

23「第三章〔第三節の誤り〕多数当事者ノ債権」、「第一款 総則」第四二八条、「第二款 不可分債務」、第四二九―第四三二各条の理由書 活版四頁 B（1） 334

24「第三款　連帯債務」、第四三二―第四四六各条の理由書　活版一〇頁　B（1）343

25「第三款　連帯債務」、第四三二―第四四四各条の理由書　活版一〇頁（「訂正印刷ノ分」との朱印あり）　B（1）337

26「第四款　保証債務」、第四四八―第四六八各条の理由書　活版一三頁　B（1）349

27「第四節　債権ノ譲渡」、第四六九―第四七六各条の理由書　活版九頁　B（1）361

28「第五節　債権ノ消滅」、「第一款　弁済」、第四七三―第四九七各条（供託まで）の理由書　活版一八頁　B（1）366

29（第一款弁済の後半）代位弁済」、第四八五―第四九〇各条（括弧書き条番号略）の理由書　活版六頁　B（1）377

30「第二款　相殺」、第五〇四―第五一二各条の理由書　活版一二頁　B（1）381

31「第三款　更改」、第五一〇―第五一五各条の理由書　活版九頁　B（1）388

32「第四款　免除」、第五一六条、「第五款　混同」、第五一七条の理由書　活版三頁　B（1）393

33「第二章　契約」、「第一節　総則」、「第一款　契約ノ成立」、第五一八―第五三〇各条の理由書　活版一三頁　B（1）395

34「第二節　贈与」、第五四八―第五五三各条の理由書　活版八頁　B（1）402

35「第三節　売買」、「第一款　総則」、第五五五―第五六〇各条、「第二款　売買ノ効力」、第五六一―第五八〇各条（条番号の乱れあり）、「第三款　買戻」、第五八一―第五八七各条、「第四節交換」、第五八八条の理由書　活版四〇頁　B（1）407

36「第五節　消費貸借」、第五八九―第五九四各条（括弧書き条番号略）の理由書　活版四頁　B（1）429

37	「〔第六節〕使用貸借」、第五九五—第六〇三各条（括弧書き条番号略）の理由書　活版五頁	B（1）	4 32
38	「第七節　賃貸借」、「第一款　総則」、第六〇四—第六〇七各条、「第二款　賃貸借ノ効力」、第六〇八—第六一七・第六一九—第六二一各条、「第三款　賃貸借の終了」、第六二二—第六二八各条の理由書　活版二四頁	B（4）	25 29
39	「第八節　雇傭」、第六二二—第六三〇各条の理由書　活版一三頁（訂正書込みあり）	B（1）	4 35
40	「第九節　請負」、第六三一—第六四二各条の理由書　活版一一頁（訂正書込みあり）	B（1）	4 42
41	「第十節　委任」、第六四九—第六六三各条（括弧書き条番号略）の理由書　活版九頁	B（1）	4 48
42	「第十一節　寄託」、第六六四—第六七四各条（括弧書き条番号略）の理由書　活版九頁	B（1）	4 53
43	「第十二節　会社」、第六七四—第六八一・第六八三—第六九二・第六九四＝六九五・第六九五—第六九七各条（括弧書き条番号略）の理由書　活版一四頁	B（1）	4 59
44	「第十三節　終身定期金」、第六九七—第七〇二各条、「第十五節　和解」、第七〇五・第七〇六各条の理由書　活版八頁	B（1）	4 67
45	「第三章　事務管理」、第六九六—第七〇一各条の理由書　活版九頁	B（1）	4 72
46	「第四章　不当利得」、第七〇二—第七〇七各条の理由書　活版七頁	B（1）	4 76
47	「第五章　不法行為」、第七〇八—第七二三各条の理由書　活版一七頁	B（4）	25 20

第九部　民法修正関係参考資料

1	『手附ニ関スル報告』　梅謙次郎　蒟蒻版八枚	B（5）	28 07

2 『〔明治三〇年〕機密送第三号』 ⓐ明治三〇年五月一四日付「明治二十九年法律第八十九号民法第一編第二編及第三編ノ施行ニ際シ従来ノ法律及憲法第七十六条ノ規定ニ依リ遵由ノ効力ヲ有スル法令中変更ヲ要スル条項心付候ハヽ御通報可致旨御照会之趣領承差当リ心付候事項別紙ニ記載致置候」旨の通報 外務大臣伯爵大隈重信より法典調査会副総裁清浦奎吾あて／ⓑ別紙／ⓒ右「通報」に対する法典調査会副総裁名義の「回答」案〔以上三点の全文は明治三〇年六月二一日『民法施行法議事要録』に収録されている〕 蒟蒻版三枚 B（1）88／81／50

第二〇部 帝国議会議案「民法中修正案」関係資料

1 『民法中修正案〔前三編の分〕』 衆議院から貴族院への送付書類の印刷物〔政第九三号 明治二九年三月一七日配付〕 ⓐ「民法中修正案……本院ニ於テ修正議決セリ因テ議院法第五十四条ニ依リ及送付候」旨の書面 明治二九年三月一六日付 衆議院議長楠本正隆より貴族院議長侯爵蜂須賀茂韶あて 活版一頁分（頁付なし）／ⓑ「民法中修正案……提出」書 明治二九年一月二八日付 内閣総理大臣侯爵伊藤博文〔以下＝各大臣名、略〕 活版二頁分（頁付なし）／ⓒ衆議院修正の内容 活版一三頁 B（1）64

附録　穂積陳重民法修正関係文書の目録掲載洩れ三点

福島正夫編『穂積陳重立法関係文書の研究』（一九八九年、信山社発行）の第一部に収められている（A）『明治民法の制定と穂積文書――「法典調査会穂積陳重博士関係文書」の解説・目録および資料――』（一九五六年、民法成立過程研究会発行）と第二部に収められている（B）『穂積陳重博士と明治・大正期の立法事業――穂積陳重立法関係文書の解説・目録および資料――』（一九六七年、民法成立過程研究会発行）との二つの復刻版の各目録（以下「穂積文書目録」と総称し、「A目録」・「B目録」とよびわける）では、民法修正関係文書の範囲で――私が現在までに気づいたものだけであるが――掲載洩れが三点ある。穂積文書目録で訂正等を要する箇所については別の機会に説明したが（上掲『穂積陳重立法関係文書の研究』四七頁以下所載の拙稿「復刻版利用者のために――補正を要する箇所についてのメモ」、雑誌『民法研究』第一巻所載の拙稿「日本民法典編纂史とその資料――旧民法公布以後についての概観」中一五七―一五八頁参照）、本稿を書いた機会に上記三点の掲載洩れ文書を、各目録への追加という形で説明しておこう。

①　A目録の第五部（修正案）甲に「16の2」として左記を追加する。

修正案（標題なし）　第四一一条・第四一四条（明治二八年三月一日配付の蒟蒻版による決議案）の修正（↓同年四月二三日配付の活版による決議案第四一一条・第四一四条↓同決議案を転用した整理議案第四〇九条・第四一二条↓公布民法第四一二条・第四一五条）　起草委員提出　明治二八年三月二九日配付　活版（二つ折りにする一枚の紙に甲第二七号＝一頁分のあと改丁の形で一頁分となるよう印刷されたもの）　第七五回

法典調査会（明治二八年四月五日）審議

この修正案は、東京大学法学部所蔵和綴本中『第三部甲類／穂積博士法典調査会使用本／債権』で『甲第二十七号』の次に見出される。

② A目録の第五部（修正案）甲に「68の2」として左記を追加する。

『民法修正案』　第七九一条（旧第八〇一条）（明治二九年一月一五日配付の蒟蒻版による決議案）の次に新第七九二条追加（→同年七月一六日配付の活版による決議案第七九二条→同決議案を転用した整理議案第七九二条→公布民法第七九一条）　起草委員提出　明治二九年四月二〇日配付　蒟蒻版一枚　第一六七回法典調査会（明治二九年四月二七日）審議

この『民法修正案』は、東京大学法学部所蔵和綴本中『第六部決議案／乙類蒟蒻版本下／親族・相続』で『決議案　明治二十九年一月十五日配付』の末尾に綴じ込まれている。

③ B目録の第六編第一〇部（議会関係資料）乙に「3の2」（前掲『民法研究』第一巻一五八頁の表に基づく番号としては「4の2」）として左記を追加する。

『民法中修正案〔後二編の分〕』　衆議院から貴族院への送付書類の印刷物（政第二七号　明治三一年六月三日配付）　ⓐ「民法中修正案……本院ニ於テ修正議決セリ因テ議院法第五十四条ニ依リ及送付候」旨の書面　明治三一年六月二日付　衆議院議長片岡健吉より貴族院議長公爵近衛篤麿あて　活版一頁分（頁付なし）／ⓑ「民法中修正案……提出」書　明治三一年五月一九日付　内閣総理大臣侯爵伊藤博文（以下＝各大臣名、略）、衆議院修正（第八一三条）の内容　活版四頁（政府提出書二頁分と修正内容二頁分とをあわせての頁付）

本印刷物は、一九七七年に東京大学法学部近代立法過程研究会がB目録の対象たる文書をマイクロフィルムに撮った当時は――同研究会作成の「穂積陳重・重遠関係文書」の目録（『国家学会雑誌』九一巻七・八号〔一九七八年〕八七頁以下）に徴すると——東京大学法学部研究室保管の未製本資料に含まれる「法典調査会関係資料」のなか（マイクロフィルムではリール1）にあったようである（ただし、同研究会作成の上記目録の八九頁の記載では、本印刷物の内容が明確に把握されていなかったためか、前記ⓐが「法典調査会関係資料（その一）」の末尾に「（第二分冊）法典調査会民法草案理由書」9として、前記ⓑが「法典調査会関係資料（その二）」の冒頭に「（第一分冊）民法施行法案」1として別々に掲げられ、しかも後者ⓑは「民法中修正案（議会提出分）明治31年5月19日／印刷4頁」と表示されている）。

編集後記

◇本誌の刊行については、一九九六年一〇月の創刊にあたって「逐年刊行であるが不定期刊行の雑誌」という説明をしておいたけれども、そのあと生じた後述のような事情により、本誌の刊行を単純な不定期刊行に改めることとして本年（二〇〇〇年）を迎えた。創刊時の「第一巻（通巻第一号）」という呼び方も号数のみによる呼び方に改め、ここに第二号を刊行する。

◇九六年九月、編者は創刊号の「編集後記」の末尾に、「本誌は不定期刊行なので論文の分割掲載をせず、そのかわりに原稿枚数については執筆者の希望を尊重して読みごたえのある論文を読者に提供するという編集方針をとることにしており、通巻第二号もこの方針のもとにその内容はほぼ固まってきた。読者のご期待を乞う。」と書いた。今の編者は、第二号の刊行の遅延および論文の分割掲載をしないとの方針の修正につき、事情を説明して読者の方々のご了承をお願いすべき立場にある。

編者は九六年七月初めごろ第二号の編集に着手し、まず磯村保氏から、「法律行為論の課題」という標題での執筆依頼について九七年三月末ごろまでよければとのご返事をいただき、ついで山本敬三氏から、現在の自分としては念頭にある三つのテーマのうち九七年三月くらいに仕上げられるものを選んで執筆したいとのお話をいただいた。山本氏の脱稿が九七年の夏前であれば第二号に両氏の論文を、それが夏以後になるようなら第二号には磯村氏の論文だけを、という選択を残して、ともかく九六年夏に、予定として「第二号……の内容はほぼ固まっ」たわけである。しかし、磯村氏については、ご尊父磯村哲先生のご病気、ご逝去、さらにご自身の九七年一〇月から翌年八月までのフランス留学など、予

編集後記

定どおりの脱稿を望みにくい事情が続いた。この間、九八年秋ごろまでに、児玉寛氏、水野紀子氏ほか三氏から第三号(以降)への執筆を順次ご承諾いただいたり山本氏がテーマを決めてくださったりもしたが、編者は、第二号の刊行が多少おくれても磯村氏の論文を第二号に載せたいという考えを維持していたところ、九九年四月に同氏の『法律時報』所載「ドイツとフランスの民法典・民法学」を読み、その時の感想から、一度関西に出向いて同氏の心境をきいてみようと思うようになり、一一月にようやく時間を作りだして出掛け、論文執筆については、テーマを少ししぼって二〇〇〇年の早い時期に脱稿するという予定を立てていただいた。こうして、「法律行為論の課題──当事者意思の観点から」と題する論文に取り組んでいただくことになったが、その進捗状況にかんがみ、五月末ごろ分割掲載の可能性をお話しして、このたび、その第一回分を掲載した第二号の刊行に至った次第である。

多年の研究に裏打ちされた磯村氏の重厚な論述は、法律行為論のゆくえをトする画期的論考が民法学界に提供されようとしていることを示唆しており、読者とともにその早期の完結を期待したい。なお、民法研究の進展に寄与したいとの念願から本誌の刊行を決意した信山社が、三年にわたって第二号の刊行予定の繰延べを厭わなかったことに対し、編者としてここに感謝の意を表する。

◇《民法典に関する資料》の部には、本号でも拙稿しか用意できなかったが、そのうち他の研究者の寄稿も受けられるようになるであろう。第三号以降《民法の理論的諸問題》の部に新しく登場していただく研究者としては、さきにお名前をあげた山本氏、児玉氏、水野氏ほかの方々を予定している。四年前と同じ言いまわしで気がひけるが、読者のご期待を乞う。

(二〇〇〇年一〇月、広中俊雄)

SHINZANSHA
henshu@shinzansha.co.jp
order@shinzansha.co.jp
htt://www shinzansha.co.jp

民法研究　第２号

2000年10月30日　第１版第１刷発行

責任編集　広中俊雄
発行者　今井貴
発行所　信山社出版株式会社
〒113-0033 東京都文京区本郷 6-2-9-102
TEL 03-3818-1019　FAX 03-3818-0344

印刷・製本　勝美印刷株式会社

ISBN 4-7972-1802-9 C3332
1802-012-020-005
NDC分類 324.001

ISBN4-7972-9316-0
NDC分類324.521契約法

栗田 哲男 著

新刊案内1997.9

現代民法研究（全３巻）

Ａ５変型上製セット箱入　(1)(2)(3)セット定価：本体47,000円（税別）　（分売可）

ISBN4-7972-2097-X
NDC分類324.521

(1) 2097 請負契約

A5変型上製　総736頁　定価：本体20,000円（税別）

ISBN4-7972-2098-8
NDC分類324.521

(2) 2098 不動産法・消費者法

A5変型上製　総506頁　定価：本体15,000円（税別）

ISBN4-7972-2099-6
NDC分類324.521

(3) 2099 災害法・損害賠償法・その他

A5変型上製　総426頁　定価：本体12,000円（税別）

平井宜雄先生序文

☆本著作集中の仕事のすべてが判例・文献・関連する事実の綿密な調査の上に成り立っていることも、おそらく多くの読者の読みとるところであろう。事実、このような徹底した「実証主義的」あるいは「社会学的」態度は、処女論文である「冨喜丸事件の研究」（本書(3)所収）以来、栗田教授の学問を一貫するものである。そのような態度は、一般に、契約法におけるように、裁判規範としての意味が比較的少ない法分野において、要求されるものであるが、建設請負契約法のごとく、学問的に十分に開拓されていない領域では、とりわけ適切であるというべきである。実務で用いられている契約書や取引慣行・業法運用の実体などをも視野に入れた「実証主義的」契約法学を目指すのは、判例・学説だけに依拠して解釈論を展開するよりも、遙かに労力とエネルギーを要する仕事である。しかし、実用的であることを意図する限り、契約法学は、多かれ少なかれそのような方向に向かわざるをえないのではあるまいか。このような意味において、栗田教授の仕事は、契約法学の将来のあり方を示唆するものと言えよう。

【著者紹介】栗田哲男くりた・てつお

1944年生まれ／63年福島県立磐城高校卒／69年東京大学法学部第一類卒／同年6月同大法学部第二類学士入学／70年東京大学法学部第二類卒／70年最高裁判所司法研修所入所／72年弁護士登録（第一東京弁護士会）／81年立教大学法学部助教授／88年同大学教授／93（平成5）年8月11日逝去

信山社　〒113-0033
東京都文京区本郷6-2-9-102　TEL 03-3818-1019　FAX注文制 FAX 03-3818-0344